edition unseld 17

Tiere haben erstaunliche kognitive Fähigkeiten, ein diesen Fähigkeiten entsprechendes Bewußtsein und Formen des Selbstbewußtseins. Das Denken in diskreten Einheiten von Urteilen scheint ihnen jedoch nicht zugänglich zu sein, damit auch nicht die Unterscheidung von Bejahung und Verneinung und von wahr und falsch. Wie ist das Denken und damit das objektive Erkennen beim Menschen entstanden? Welche Rolle spielt das Gehirn bei Mensch und Tier?

Wir Menschen leben in zwei Welten, die paradoxerweise zugleich eine sind. Das Tageslicht, Gerüche, die Hauswand, an der wir entlanggehen und die wir nicht durchschreiten können – diese unsere Lebenswelt unterscheidet sich zunächst nicht von der des Hundes, der uns begleitet. Tiere nehmen sinnlich wahr wie wir, sie erschrecken wie wir bei einem lauten Geräusch, sie zeigen dieselbe freudige Erregung wie wir. Zugleich gibt es für uns eine andere, wiewohl identische Welt, von der die Tiere offenbar nichts wissen: Wir Menschen machen die Dinge zu Objekten der Erkenntnis; dieselbe Sonne, die uns blendet und die sich im Tageslauf langsam von Osten nach Westen bewegt, steht, so erkennen wir, fest im Zentrum des Planetensystems. Wir spüren die Kälte, aber wir erkennen in ihr zugleich die Ursache der Eisbildung; kein Tier weiß, was eine Ursache ist, kein Tier kann sich wundern, und auch denken kann es nicht.

Reinhard Brandt, geboren 1937, 1972 bis 2002 Professor für Philosophie in Marburg, Gastprofessuren in Bloomington, Canberra, München, Padua, Rom; Christian-Wolff-Professur in Halle, Gast des Wissenschaftskollegs zu Berlin. Arbeitsschwerpunkte: Philosophie der Aufklärung, bes. Kants, der Rechtsphilosophie, Ästhetik, Anthropologie und Bildtheorie, das menschliche Denken und Erkennen in Urteilsform.

Können Tiere denken?
Ein Beitrag zur Tierphilosophie

Reinhard Brandt

Suhrkamp

Die *edition unseld* wird unterstützt durch eine Partnerschaft mit dem Nachrichtenportal *Spiegel Online*. www.spiegel.de

edition unseld 17
Erste Auflage 2009

Originalausgabe

Satz: Jouve Germany, Kriftel
Druck: Druckhaus Nomos, Sinzheim
Umschlaggestaltung: Nina Vöge und Alexander Stublić
Printed in Germany
ISBN 978-3-518-26017-3

1 2 3 4 5 6 – 14 13 12 11 10 09

Inhalt

Zur Erinnerung an meine Brüder Johannes,
Hans-Peter und Herwig

Vorbemerkung

Wir Menschen leben in zwei Welten, die paradoxerweise zugleich eine sind. Das Tageslicht, die Gerüche aus dem Bäckerladen, die Hauswand, an der wir entlanggehen und die wir nicht durchschreiten können – diese unsere Lebenswelt unterscheidet sich zunächst nicht von der Umwelt des Hundes, der uns begleitet. Er nimmt sinnlich wahr wie wir; er erschrickt bei einem lauten Geräusch wie wir, beim Gang am Fluß wissen wir beide, daß das Wasser nicht begehbar ist, es sei denn im Winter, in dem wir gemeinsam frieren und uns nur zögernd aufs Eis wagen. Uns bewegt dieselbe freudige Erregung, wenn uns das Kind des Hauses entgegenkommt.

Zugleich gibt es für uns Menschen eine andere, dennoch identische Welt, von der die Tiere offenbar nichts wissen. Wir Menschen machen die Dinge zu Objekten der Erkenntnis; dieselbe Sonne, die sich im Tageslauf langsam von Osten nach Westen bewegt, steht, so erkennen wir, im Zentrum des Planetensystems, und unsere Erde dreht sich als Kugel um sich selbst. Wir spüren die Kälte, aber wir erkennen in ihr zugleich die Ursache der Vereisung des Flusses; kein Tier weiß, was eine Ursache ist, kein Tier kann sich wundern. Wir suchen mühselig die Gemeinsamkeiten und Unterschiede von Tieren und Menschen zu erkennen, aber sie beteiligen sich nicht, und so führen wir sie als unmündige Wesen an der Leine, wohin wir wollen.

Man rechnet im Alltag und in der Biologie mit Zuständen und Fähigkeiten von Tieren, die nicht nur körperlich-materiell sind wie die Eigenschaften der Steine und Billardkugeln oder vegetativ wie die der Pflanzen. Tiere können sich selbst bewegen und haben ein ihren Bewegungen angepaßtes Wahrnehmungssystem und Gehirn, sie äußern Lust- und Schmerzempfindungen, sie können offensichtlich trauern und verzweifelt sein. Tiere leben in einer eigenen Medienwelt, senden und empfangen Zeichen und verbinden sie miteinander, sie basteln einfachste Werkzeuge, werden wütend, wenn ihnen etwas mißlingt, sie bilden Hierarchien in ihren jeweiligen Sozietäten, sie streiten und versöhnen sich, sind stolz und unterwürfig, und sie haben ein diese seelischen Fähigkeiten begleitendes Bewußtsein und Selbstbewußtsein oder Selbstgefühl.

Über die genannten Fähigkeiten verfügt auch der Mensch, er ist jedoch darüber hinaus befähigt, all das Genannte zum Objekt seiner Erkenntnis zu machen. Wie ist diese Spaltung unserer nach wie vor identischen *einen* Welt zu verstehen? Dieses Buch will diesem paradoxen Riß nachgehen und den Punkt aufweisen, an dem wir uns auf natürlichem Weg von den Tieren getrennt und unsere eigentümliche Denk- und Sprechkultur und damit die Kultur überhaupt entwickelt haben.

Das Manuskript geht zurück auf einen Vortrag, der im Februar 2005 im Zusammenhang des Marburger Studium generale gehalten wurde; er wurde mit der Zusatzthese »Kein Gehirn kann denken« erneut im Juni 2005 im Wissenschaftskolleg zu Berlin vorgetragen, im November 2005 in der Göttinger Akademie und im Januar 2006 in der Wissenschaftlichen Gesellschaft der Universität Frankfurt am Main. Michael Tomasello danke ich für die Einladung zum Vortrag und zur Erörterung am Max-Planck-Institut für Evolutionäre Anthropologie in Leipzig am 27. und 28. April 2006. Wolfgang Bestgen (Marburg, Karpathos), Hans-Rainer Duncker (Gießen), Béatrice Longuenesse (New York), Frank Rösler (Marburg), Siegfried Roth (Köln) und Ulrike Santozki (Hameln) lasen und korrigierten verschiedene Entwürfe meines Manuskripts.

1 Einleitung

Können Tiere denken? Unterschiedliche Meinungen

»Tiere«, damit sind nichtmenschliche, mit Nerven und Gehirn ausgestattete Lebewesen (Insekten, Säugetiere, Vögel, Fische) gemeint; mit »Denken« ist eine uns nur vom Menschen mit Sicherheit bekannte mentale Fähigkeit, Urteile zu bilden, gemeint.

Also: Sind irgendwelche nichtmenschlichen Lebewesen zur Bildung von Urteilen in der Lage?[1]

These: Natürlich können Tiere denken. »Ach, Sie werden es nicht glauben, aber unser Leo versteht jedes Wort.« Wenn er jedes Wort versteht, dann wird er auch jeden Satz verstehen, fast jeden. Leo ist ein Terrier. Im Fernsehen erfahren wir von der sozialen Intelligenz der Schimpansen, der Lernfähigkeit der Delphine oder der handwerklichen Tüchtigkeit der neukaledonischen Krähe, die Stäbe krumm biegt und in ihrem Schnabel als Haken gebraucht; Bonobos und Orang-Utans deponieren Werkzeuge für einen späteren Gebrauch.[2] Vögel wissen, von wo sie beobachtet werden, und lokalisieren entsprechend ihre Nester, Tiere täuschen offenbar einander und uns, und sie spielen und tun so, *als ob* sie einander angreifen wollten. Sie orientieren sich im Raum und haben Vorstellungen von nichtpräsenten Raumteilen,[3] sie können, so glauben einige, in »Wenn-dann«-Relationen denken und sich mit symbolischen Gesten verständigen.[4]

Die Intelligenz der Tiere ist nicht erst seit einer neuen Modewelle ein Thema und die These der Medien, sondern seit der Antike das Feld von Fabeln und Spekulationen. David Hume legt die mentalen Fähigkeiten von Tieren in einem Kapitel »Of the Reason of Animals« dar,[5] nachdem John Locke bezüglich des IQ der Tiere festgehalten hatte, daß der Unterschied zwischen klugen Tieren und dummen Menschen weit geringer sein könne als der zwischen dummen und klugen Menschen.[6] Der große Tierforscher Donald R. Griffin fragt nicht, *ob*, sondern zeigt, *wie* Tiere denken.[7] Tiere können fühlen, sie haben laut Griffin Absichten, und sie können natürlich urteilen.

Gegenthese: Natürlich können Tiere nicht denken. Wer diese Gegenthese vertritt, sucht die mentalen Leistungen der Tiere auf psychologische oder gar physiologische Prozesse zu reduzieren, die ohne Begriffe und Urteile stattfinden und folglich nicht als Denken im eigentlichen Sinn bezeichnet werden können.[8] Wie steht es genau mit der Intelligenz der Elefanten, Stichlinge und Insekten? Im Tierreich gibt es kognitive Leistungen; man wird diese aber nicht zum selbsttätigen Denken zählen, sondern in genetische Steuerungen (z. B. bei den Zugvögeln), in Reiz-Reaktions-Schemata oder in ein zwar psychisches, aber nicht reflektiertes, nicht sich selbst thematisierendes Eigenleben einordnen. Den Tieren fehlen vor allem zwei Voraussetzungen des Urteilens und Denkens: Sie verfügen über keine geeigneten Begriffe, und sie kennen keine gemeinsame Öffentlichkeit, die durch das Zeigen geschaffen und im Urteil vertieft wird.

Wir werden für diese zweite Meinung plädieren, allerdings mit einer Einschränkung. Das Verhalten der Tiere läßt darauf schließen, daß sie über eine vernunftähnliche Tätigkeit verfügen; wie diese operiert, wissen wir nicht, und wir kennen weder die Form noch die genauen Grenzen dieses *analogon rationis*.[9] Wir verfügen jedoch über keine harten Indizien eines Denkens in Urteilsform und damit einer objektiven Erkenntnis bei Tieren. Daß Tiere nicht denken, läßt sich nicht experimentell beweisen, und in der Hirnforschung scheint es nicht möglich zu sein, bestimmte, beim menschlichen Denken aktivierte Hirnteile aus den Tierhirnen auszuschließen, so daß nachgewiesen wäre, daß den Tieren die Infrastruktur für das Denken fehlt.

Im Alltag sind wir doppelzüngig; ihre Haustiere lieben die Menschen über alles und lassen sie fühlen und denken wie sie selbst, zu den Tieren in der sogenannten freien Wildbahn haben wir eine sentimentale Fern- oder Nichtbeziehung, und zum Tier als der Fabrikware unserer Märkte verhalten wir uns brutal und verspeisen sie gedanken- und skrupellos. Über die Frage, ob das Lamm, dessen Rücken wir gerade verzehren, ein Selbstbewußtsein hatte, bevor es totgeschlagen wurde, denken wir lieber nicht nach. Insgesamt tun wir im Alltag gut daran, die Tier*psychologie* anzuerkennen, die Frage nach der *Seele* der Tiere jedoch für unwissenschaftlich zu erklären. Aber *psychē* ist nur das distanzierende Fremdwort für »Seele«.

Körper, Seele, Geist

Wir können entsprechend unserer pragmatischen Überzeugung und den etablierten wissenschaftlichen Disziplinen folgende drei Ebenen von Funktionen und von Funktionsträgern unterscheiden:

Erstens »gibt es«[10] bei Tieren und Menschen den Körper und die körperlichen Organe der Nerven und des Gehirns. Diese letzteren sind kein Gegenstand unserer und sicher auch nicht der tierischen *inneren* Wahrnehmung; sowohl die sensorische Aufnahme und Verarbeitung von Informationen als auch die

Steuerung von Handlungen und Verhalten durch das Gehirn und die Nerven verlaufen hinter unserem Rücken. Denn wir sehen keine Lichtwellen und deren Weiterleitung von den Sehzellen zum Gehirn, sondern sehen, wie auch die mit Augen ausgestatteten Tiere, Farben und Gestalten unmittelbar und verdichten sie zu Tauben im Park; wir ziehen nicht selbst an den Nerven und Muskeln, die unser Gehen und Springen ermöglichen, sondern wir gehen und springen, wiederum wie die Tiere, unmittelbar.[11] Von den Nerven und dem Gehirn wissen wir Menschen nur durch *äußere* Wahrnehmung, etwa wenn wir als Patienten bei einer Operation unser Gehirn durch eine Spiegelvorrichtung betrachten und erkennen können. Mein Gehirn kann vermessen, gewogen und im Hinblick auf seine neuronalen Vernetzungen und Funktionen zunehmend genau naturwissenschaftlich untersucht werden, auch wenn ich selbst, der ich so an ihm hänge, davon nichts weiß und die Details nicht verstehe. Nerven und Gehirn sind nicht nur unserer inneren Wahrnehmung und unserem unmittelbaren Einwirken entzogen, sondern bilden auch keine Berufungsinstanz bei unseren Überlegungen und Entscheidungen. Wenn wir denken und handeln, dann folgen wir unseren Gefühlen, realisieren unsere Überlegungen und verwirklichen Vorsätze, aber hören auf keine Anweisungen, die uns von Neuronen und Synapsen übermittelt werden. Wer das Gegenteil behauptet, wird sich dabei nicht auf sein Gehirn berufen, das diese Gegenbehauptung verursacht, sondern auf Gründe, die im subjektiven Denken präsent sind und für dieses oder gegen jenes sprechen. Wenn das materielle Substrat die Regie übernimmt wie bei einem epileptischen Anfall oder im Zustand völliger Trunkenheit, dann hört unser Überlegen und Entscheiden auf, und auch ein Tier folgt nicht mehr seinen seelischen Dispositionen und Fähigkeiten, sondern gerät in die Gewalt seines erkrankten Körpers. Hier haben wir den von niemandem bestrittenen Fall, in dem eine physische oder physiologische Kausalität die Gründe, über die Menschen, und die seelischen Dispositionen, über die Tiere und Menschen verfügen, ersetzen.

Zweitens »gibt es« die menschliche und auch tierische Psyche oder, leicht veraltet, Seele. Es ist der Titel für einen Bereich unserer individuellen Selbsterfahrung, der bei Tieren und anderen Menschen strenggenommen nur erschlossen, also dort nur vermittelt und nicht irrtumsfrei als »gegeben« erkannt wird; unter pragmatischem Gesichtspunkt kann der Zweifel jedoch vernachlässigt werden.[12] Auch ein passionierter Reduktionist wird zugestehen, daß wir im Alltag zwischen Seele und Körper, zwischen dem Seelenschmerz und der physischen Migräne haargenau und absolut sicher unterscheiden, genauso wie es Tiere, z. B. Primaten und andere Säugetiere, vielleicht auch Vögel, tun. Wir haben keinen Grund, bei Stuhl und Tisch, wohl aber bei anderen Menschen und Tieren derartige Selbsterfahrungen mit pragmatischer Gewißheit zu unterstellen. Placebos haben meßbare Wirkungen im tierischen und menschlichen Gehirn, sie bewirken durch mentale Vorstellungen die Freisetzung von Endorphinen, also von körpereigenen Schmerzmitteln.[13] Also: Der Glaube versetzt auch bei Tieren Berge und verscheucht Schmerzen dadurch, daß die tierische und menschliche Psyche als Glaubenskongregation auf das Hirn einzuwirken vermag.

Wir können zwar menschliches und tierisches Handeln oder Verhalten als physikalische Ereignisse filmen und so Bewegungsabläufe festhalten, aber schon die verbale Beschreibung dieses raum-zeitlichen Verhaltens zwingt uns, anders als bei der Blume, zum Übergang in die uns von außen verborgene

Psyche oder Seele. Die Geranie vor dem Spiegel sieht sich nicht, dazu fehlen ihr die nötigen Organe; die Schimpansin und die Elster vor dem Spiegel können ihr Spiegelbild sehen und auf diesen optischen Eindruck reagieren. Es ist jedoch fraglich, ob sie in den Farben und Formen, die sich dem Sehsinn bieten, *sich* so erkennen, wie wir erwachsenen Menschen es vor einem Spiegel tun und deswegen davon sprechen, sie, die Schimpansin, sehe *sich* im Spiegel.[14] Vielleicht bietet sich jedoch der Schimpansin nach einiger Gewöhnung die Vorstellung eines Zombies, eines Wiedergängers, der sie nachäfft und der gleiche Bewegungen usw. vollzieht wie sie; einen Begriff vom Spiegel und dessen allgemeine Funktion hat sie sicher nicht. Elektra sieht Orest – ja und nein, denn sie sieht, d. h. erkennt, nur einen Griechen, von dem wir, die Zuschauer der Tragödie, wissen, daß es Orest ist. Um das Geschehnis vor dem Spiegel nicht nur wortlos zu filmen, sondern um es zu beschreiben, bedarf es unweigerlich des Übergangs in die Tierpsychologie mit der Gefahr, daß wir arglos menschliche Selbstverständlichkeiten in die Tiere projizieren; ebendiese Gefahr wollten die Verhaltensforschung und der Behaviorismus vermeiden und kamen dadurch zu einer positivistischen Unterbestimmung ihres Gegenstandes.

Das Subjekt des Psychischen ist der ganze Mensch und das ganze Tier. Nicht das Bein verspürt den Schmerz der Verletzung und nicht der Kopf die Migräne, sondern das Tier und der Mensch: *Ich* spüre Schmerzen im Fuß und im Kopf, *ich* habe Heimweh, nicht mein Gehirn, *ich* höre das Geräusch, nicht die Ohren, die Nerven und die Neurone, die dieses Hören ermöglichen. Der Schimpanse ist zornig über seinen Rivalen, nicht sein bebender Körper. Das Subjekt des Psychischen ist die komplexe Einheit, die wir sind und die uns bei beseelten Tieren und

Menschen entgegentritt. In einer Standarduntersuchung über die Intelligenz der Pflanzen heißt es: »Intelligent behaviour is regarded as a property of the whole individual plant or animal.«[15]

Es gehörte zur materialistischen Körpermythologie der Frühzeit, »seelische Regungen denjenigen Teilen des Körpers zuzuschreiben, die sie hervorzubringen oder auszuführen scheinen. So kann Feigheit in den Beinen gefunden werden, weil der Feige davonläuft, Zorn in der Brust oder im Atem, weil der Zornige schneller atmet. Dieselbe Ausdrucksweise gibt es in vielen Sprachen archaischen Typs, aber auch in durchaus moderner Umgangssprache«.[16] Nun läßt sich dieser archaische Materialismus nicht mit der modernen Gehirnforschung vergleichen, es sei denn in einem wichtigen Punkt: in der häufig vertretenen Meinung, es lasse sich Psychisches auf rein Physisches zurückführen. In diesem Atavismus sind sich beide einig. »Ich bin mein Gehirn«, lautet die vorgeschichtliche These des modernen Hirnforschers Holk Cruse.[17]

Welchen Wirklichkeitsstatus hat also die »Psyche« oder »Seele«? Gibt es eine eigenständige Domäne des Psychischen bei Tieren und Menschen derart, daß es im Kausalgeschehen eine Rolle spielt, oder lassen sich die korrespondierenden Phänomene und subjektiven Überzeugungen am Ende restlos als Funktionen raum-zeitlicher Hirnprozesse identifizieren und als bloß fiktionale Gebilde demaskieren? Ist die Rede von einer »kognitiven Architektur« eine Metapher, die bei ihrer wissenschaftlichen Auflösung nichts anderes meint als ein Geschehen im Gehirn?

Der materialistische Reduktionismus ist durch die neue Emergenzforschung biologischer Systeme überwunden. Sie kommt zu der Annahme von Eigenschaften, die man in der

Einzelbetrachtung der physischen Komponenten (Physik, Chemie) nicht voraussagen kann.[18] Zu diesen kausal wirksamen Eigenschaften gehören bei Mensch und Tier die pragmatisch sicheren Gegebenheiten, die wir unter dem Titel der Psyche oder, zur Abwechslung, der Seele zusammenfassen.

Es wird drittens innerhalb des Psychischen eine geistige Sonderkompetenz des Menschen angenommen;[19] für diese Sonderleistung bilden die physiologischen und psychischen animalischen Prozesse nach unserer Kenntnis zwar notwendige Voraussetzungen, die jedoch, so unsere These, nicht hinreichen, um diese spezielle mentale Qualität des Denkens zu erklären. Es ist der Bereich, den Rousseau feierlich die »spiritualité de son âme«[20] nannte. Folgen wir ihm, müssen wir jedoch mit einem Schöpfergott rechnen, der dem einzelnen Menschen eine denk- und erkenntnisfähige Seele mitgegeben hat. Einen derartigen Schöpfungsakt im schon existierenden Universum anzunehmen widerspricht jedoch aller wissenschaftlichen Vernunft. Wir wollen, wie schon angekündigt, den Ursprung des Denkens auf die Erde herabholen und einerseits seine natürliche Entstehungsmöglichkeit aufzeigen, andererseits seine qualitative Differenz zu den übrigen psychischen Tätigkeiten beibehalten. Wie die Disposition des Universums, in dem die Entwicklung des Denkens möglich wurde, ihrerseits zustande kam, ist nicht unser Thema.

In eine kaum noch aufzulösende Schwierigkeit geraten wir durch folgende Überlegung: Den Tieren und Menschen soll eine Psyche zugesprochen werden, die sich nicht räumlich anschauen oder als physikalische Größe berechnen läßt und die trotzdem in das kausale Geschehen unserer Raum-Zeit-Welt verwickelt ist. Wir rechnen zu den Fähigkeiten dieser Psyche unter anderem das Empfinden von Lust und Schmerz, von

Angst, Hoffnung und Freude, die Verbindung abgelagerter und neuer Vorstellungen und den Impuls zum Handeln oder Nichthandeln. Wir nehmen weiter mit guten Gründen an, daß die Vorstellungswelt der Lebewesen gemäß den jeweiligen Sinnesorganen und der übrigen physiologischen und psychischen Ausstattung formiert wird, daß also die Umwelten[21] von Menschen, Löwen und Mäusen verschieden sind. Wir unterstellen jedoch zugleich, daß es sich um die *gemeinsame*, identische Raum-Zeit-Welt von Mensch und Hund handelt, denn der Hund (nicht aber die Stubenfliege) erschrickt bei genau demselben Geräusch, das auch mich zusammenzucken läßt, und die Fliege kreist in genau dem Glas, das ich in der Hand halte.

These: Die »Welt« ist nichts anderes als der Name für das Neben- und Auseinander der psychischen Projektionen der verschiedenen Tiere und Tiergattungen inklusive der Menschen. »Die Welt als Wille und Vorstellung« – hier der Vögel, dort des Elefanten und daneben des Menschen? Die vermeintlich gemeinsame objektive Welt erweist sich dann als Illusion des Menschen, denn es bleibt nichts anderes übrig als eine Vielzahl unterschiedlicher Vorstellungsformen. Das einzig Reale wäre dann die einzelne Psyche mit ihrer zeitförmigen Energie, die eine bestimmte Umwelt aus sich erzeugt oder wenigstens in ihrem So-Sein formt, und zwar inklusive des eigenen Körpers und seiner Organe von den Füßen bis zum Kopf, der wie alle anderen Dinge nur eine gattungsbedingte Kombination von Vorstellungen ist, an deren Realität die jeweiligen Subjekte *glauben*. Diese Seelenenergie erzeugt also auch das Gehirn und seine meßbaren Prozesse; sie ist eine wahrhafte *causa sui*, die sich im Pantheon oder Pandämonium dieser Pluralität von Welten selbst zu einer bestimmten körperlichen Selbsterscheinung bringt.

Gegenthese: »Es gibt« eine objektive Welt, die *wir*, und *nur* wir, zunehmend genau *erkennen* und in der die Fliege ein gut lokalisierbarer objektiver Gegenstand ist so wie das Glas oder mein eigener Körper. Wie diese eine, nicht gemeinsame, aber doch identische Welt beschaffen ist, entscheiden nicht die Vögel, der Elefant oder der einzelne Mensch aus ihren Träumen und privaten Perspektiven, sondern die eine objektive Wissenschaft vom Kosmos und der Natur, aber auch die Wissenschaftswissenschaft in Form vielfältiger Reflexionen darüber, daß »wir erst anfangen, die Welt zu verstehen« (Sandra Mitchell). Eine derartige identische objektive Welt ist erst möglich und/oder erkennbar durch die Urteils- und Erkenntnisleistung der Menschen; und auf der Grundlage dieser geistigen Kreation wird hier über die Tiere geurteilt. Es soll bei unserem Versuch die natürliche Genese dieser geistigen Kompetenz aufgezeigt werden, womit die objektive Welt sich allerdings dem Zufall verdankt, daß (und wie?) wir seit geraumer Zeit denken und erkennen können.

Diese Reflexion zeigt, auf welch prekärem Eis wir über den Bodensee reiten, um am anderen Ufer sagen zu können, daß Tiere zwar fühlen und vorstellen, aber wohl nicht denken und erkennen können: alles nach *unseren* sich ändernden Kategorien. Wir tun im Folgenden so, als ob die Graugänse und Bukkelwale zwar in unterschiedlichen psychischen Szenarien leben, ihr objektiver Status jedoch nicht durch sie selbst, sondern kraft unserer jetzigen Urteils- und Erkenntnisfähigkeit erkannt und bestimmt wird. Wir tun also so, als hätten wir den Konflikt vieler Vorstellungsszenen als unsinnig eliminiert und könnten guten Gewissens empirische Realisten und objektiv erkennende Menschen sein. Was und wie etwas zum Inventar der Welt gehört, bestimmen einzig und allein wir, und wir delegieren diese Bestimmung als Pragmatiker an die progredierende Wissenschaft und Wissenschaftswissenschaft, die nicht von Tieren, sondern von austauschbaren einzelnen Menschen betrieben wird. Aber dies alles auf der Grundlage eines empirischen Realismus; der Gehirnforscher mag die Welt zur Projektion des Gehirns, d. h. der Gehirne machen, die Wale mögen sich zu Herren der Meere aufwerfen, wir erkennen vorab: Die Gehirne sind Objekte in der *einen* Raum- und Zeitwelt, in der auch Wale und Stichlinge und Mücken hirngesteuert hin und her schwimmen und fliegen, alles nach unserer objektiven Erkenntnis. Jeder Einwand setzt sie voraus oder endet in Bedlam.

Die – sei es prädarwinistische, sei es darwinistisch belehrte – Naturteleologie fragt nach der Funktion der Tierpsyche. Welche Aufgabe kommt ihr zu, mit welchen Mitteln löst sie sie? Der radikale Materialist und eliminative Determinist beantwortet diese Frage nicht, weil für ihn die Psyche keine eigenständige Naturorganisation darstellt. Gesteht man dagegen dem Seelenleben und Denken eine eigenständige Funktion in einer komplexen Wirklichkeit zu, steht man vor der Alternative, sie entweder als Ich-Perspektive und innersubjektives Illusionstheater aus dem Kausalnexus der Natur herauszunehmen und ihnen so nur ein Phantomdasein zuzugestehen oder aber sie zu einem Kausalfaktor zu machen, so daß das psychische Erleben und Denken die Wirkursache materieller Prozesse sein kann. Wer meint, das gefühlte Heimweh oder die Depression des Tieres hätten als solche, d. h. als psychische Phänomene, physische Auswirkungen, erliegt nach dieser zweiten Auffassung keiner Illusion. In der neueren Entwicklung gibt es eine nichtreduktionistische Auffassung der Biologie, die mit Gegebenheiten des Organismus operiert, die nicht aus der physikalisch-chemischen Substruktur ableitbar sind; damit ist das rein materialistische Paradigma überwunden. Dieser Theorie emergenter Eigenschaften in komplexen biologischen Systemen schließen wir uns im Folgenden an.

Allgemein ist zur Dreiteilung von Körper, Seele (Psyche) und Geist noch anzumerken, daß sie einerseits in unserem alltäglichen Umgang mit materiellen Objekten, Tieren und Menschen permanent praktiziert wird, daß sie andererseits in der Wissenschaft und Reflexionskultur einem dualen oder gar nur monadischen (d. h. heute rein materialistischen) System weicht. Das duale System wird gewöhnlich als das cartesische verbucht; es gibt die *res cogitans* und die *res extensa* und sonst nichts. Im Zuge dieses Dualismus wird von der »Body-mind«-Problematik gehandelt und bei der letzteren selbstverständlich nur vom Menschen; die Tiere kommen in diesem *Aut-aut*-Denken nicht vor. Der Ausschluß des Dritten, der Psyche oder Seele, ist jedoch handgreiflich falsch.

Es tritt zu Körper, Seele und Geist noch eine vierte, bereits erwähnte Größe hinzu. Wir sprachen jeweils von den vegetativen, psychischen und geistigen Kräften oder Funktionen der Pflanzen, Tiere und Menschen, berücksichtigten jedoch nur marginal die Einheit dieser Entitäten selbst. Nicht (nur) der Stamm des Baumes wächst, sondern der Baum im ganzen, nicht die Beine laufen, sondern das Tier, nicht die Neurone denken, sondern der Mensch. Diese Ganzheit, die etwas anderes ist als die akkumulierten Teile, ist einerseits schwer zu fassen, ohne in obsolete Spekulationen zurückzufallen, andererseits ist sie partiell bereits Gegenstand der Forschung in Form des einheitlichen Genoms und der nicht reduzierbaren Komplexität eines biologischen Systems, das eines und ein Ganzes sein muß, wenn man diese Gedanken zu Ende denkt. Wir werden sorgfältig auf das jeweilige Ganze Rücksicht nehmen. Da die neuzeitlichen Wissenschaften ihren schwindelerregenden Aufstieg der *Isolierung* von Teilen der Naturereignisse und -dinge verdanken, vom Fallgesetz bis zur Aufdeckung von Gehirnfeldern mit bestimmten Funktionen, ist es unwahrscheinlich, daß man etwas mit unteilbaren Ganzheiten wie dem Baum, dem Hund und dem Ich des Menschen anfangen kann. Und doch schreibt Wolf Singer: Die Probandin »wird gebeten, sich ein bewegtes Muster vorzustellen [...]. Dieser Versuch belegt eindrucksvoll, wie viele Hirnrindenareale allein bei der Vorstellung eines bewegten Reizes aktiviert werden«.[22] »Es gibt« hier also ein leibliches Wesen mit einem Gehirn, mit einer Psyche, einem denkenden, die Aufforderung verstehenden und ausführenden Geist und viertens die vergessene Probandin selbst, mit der der Hirnforscher selbstvergessen spricht.

Drei weitere Vorbemerkungen

Zwecke in der Natur

»Lebendig wird ein Objekt durch die Eigenschaften der Selbsterhaltung und Selbstverdopplung.«[23] In lebendigen Objekten sind bestimmte Aufgaben an Teilbereiche delegiert, sie haben Funktionen oder Zwecke. Nach allgemeiner Überzeugung trifft dies letztere auch auf die tierische und menschliche Psyche und ihre strategische Funktion zu. »Mentale Prozesse, so erlaubt uns Darwin zu sagen, sind zweckmäßig *[purposeful]*. Dank Darwin ist entsprechend eine der Hauptaufgaben der Psychologie zu erforschen, welches die Zwecke sind und wie sie erreicht werden.«[24] »Teleologische Annahmen sind keine Metaphern.«[25] Die Existenz und die Form von x sind bedingt durch den Zweck y, den x in einem System erfüllt, das auf diese Weise sein Überleben sichert. Für unsere Zwecke ist es ausreichend, daß die Annahme von Zwecken in einem Teilbereich der Natur (Pflanzen, Tiere, Menschen; Organismen, Psyche, Geist) nicht notwendig falsch ist. Die teleologische Rechtfertigung des Psychischen lautet kurz zusammengefaßt: »Qualia sind die Wege der Natur, den Wahrnehmungen eines Organismus Prägnanz zu verleihen.«[26] Das Psychische ist demnach ein Instrument in der Überlebensstrategie bestimmter Organismen, das die Einzeller nicht benötigen, wohl aber die komplexeren Tiere und Menschen. Der Geist dagegen tut sich chronisch schwer, seinen darwinistischen Test zu bestehen. Läßt er sich naturteleologisch rechtfertigen? Wäre es nicht naturgemäßer, die Steuerung menschlicher wie tierischer Handlungen der bloßen Assoziation von Vorstellungen zu überlassen?[27] Ist der Geist am Ende ein Widersacher des Lebens? Wir werden versuchen, das Denken bis auf seine naturgeschichtlichen Ursprünge zurückzuverfolgen und seinen Nutzen bis hin zur letzten Buchpublikation zu erweisen.

Die Ermöglichung einer gehaltvollen Teleologie oder Teleonomie erlaubt die Einführung der Differenz von Physiologie und Pathologie in den Biowissenschaften, eine Unterscheidung also, die in der neuzeitlichen Physik und Chemie, d. h. im materialen Substrat der Organe und des Verhaltens, nicht möglich ist, denn die Abweichung eines Körpers von der Wurfbahn oder einem bestimmten chemischen Prozeß ist hier kein pathologisches Geschehen, sondern folgt ebenso den allgemeinen Naturgesetzen wie die Einhaltung der berechneten Bahn und der erwarteten chemischen Prozedur. Kein Atom kann erkranken, weder körperlich noch seelisch oder geistig, und die Kernspaltung gehört nicht zur Pathologie der Physik wie die Schizophrenie in der Psychologie. Bei der Differenz von Physiologie und Pathologie ist es zunächst gleichgültig, ob es sich um vorgeprägte Steuerungen handelt wie bei unseren Thermostaten oder um eine Selbststeuerung, wie wir es bei unseren eigenen Urteilen und Handeln unausweichlich annehmen (auch bei dem Versuch, diese These zu bestreiten). Die Unterscheidung jedoch ist für alle Teleologie als Lehre vom Erreichen von Zwecken essentiell: Pathologische Deformationen eines Individuums oder einer Gattung führen diese in den Abgrund größerer Entropie, wobei Physik und Chemie nur konstatieren können, daß alles gesetzmäßig verlief.

Wie immer die teleologischen Annahmen theoretisch begründet werden, es muß zwischen einer biologischen und einer subjektiv-intentionalen Zweckausrichtung unterschieden werden,[28] so wie es in der Alltagsinterpretation geschieht. Zur ersteren gehören der zweckgerichtete Herzschlag der Lebewesen und vieles von dem, was in der üblichen Vorstellung dem Instinkt zugerechnet wurde und wird; zur zweiten gehört die individuelle, auf einen Zweck gerichtete Vorstellung und Entscheidung. Gibt es diese letztere Form der Intentionalität bei Tieren? Schon die Grenze zwischen beiden Bereichen läßt sich nicht leicht genau markieren.

Philosophie und Biologie

Sodann zweitens eine methodische Vorbemerkung. Mit unserem Thema stehen wir in einem »Streit der Fakultäten«, hier einem Streit zwischen Philosophie und Biologie.

Der Vorwurf des Biologen lautet: Wie will man am philosophischen Schreibtisch eine empirische Frage über das Denken von Tieren entscheiden?

Die Gegenfrage: Wie will man etwas zum Denken sagen, wenn die Logik des Erkennens in der Biologie oder auch Hirnforschung nicht thematisiert wird und werden kann? Der empirische Wissenschaftler folgt konsequent der Methode seiner Disziplin, wenn er alle tierischen und menschlichen Äußerungen aus gehirnphysiologischen »Prozessen« zu erklären sucht – das ist seine Aufgabe. Der Biologe erkennt wirkliche oder vermeintliche Sachverhalte, aber seine Fakten zeigen nicht seine eigenen bejahenden oder verneinenden Aussagen und den Wahrheits- und Geltungsanspruch, den er mit seinen Aussagen über diese Fakten erhebt. Die Biologie ist als solche nicht mit der Theorie der Differenz zwischen wissenschaftlicher Theorie und ihrem Gegenstandsbereich befaßt. So operiert jeder Fachwissenschaftler notwendig mit bestimmten, in der eigenen Disziplin nicht mehr untersuchten, sondern in jedem Schritt vorausgesetzten Kategorien oder Denkformen der Forschung. Wenn der Biologe dies bestreitet, verläßt er sein Labor und damit seine Disziplin. Das bedeutet natürlich nicht, daß der Biologe nicht in Personalunion als Philosoph und der Philosoph nicht als Biologe auftreten kann, es besagt nur, daß die empirische Disziplin auf Voraussetzungen beruht, die sie nicht mehr einlöst. Es ist für die Wissenschaftskultur nicht unwichtig, daß diese Kompetenzgrenzen der Fächer geklärt werden, sonst wird die irrige Meinung verbreitet, über die Frage, ob Tiere denken können, sollten die Tierhalter und Biologen allein entscheiden. Zu welchen Vorstellungen eine Forschung gelangen kann, die sich aus der Reflexion entlassen sieht, zeigt schön der Artikel »Animal Concepts: Content and Discontent« von Nick Chater und Cecilia Heyes, in dem die dilettantischen Prämissen Hunderter von biologischen Publikationen mit wenigen begrifflichen Klärungen zum Einsturz gebracht werden.

Oder schon: Denken sei ein Prozeß. Ja und nein. In dem uns interessierenden Punkt: nein. Wer hier nur den Prozeßbegriff benutzt, läuft Gefahr, die Frage zu verfälschen, bevor er sie zu beantworten sucht.

Frans de Waal spricht in seiner vorsichtigen Untersuchung *Der Affe in uns. Warum wir sind, wie wir sind* vom Tauschen und vom Teilen der Nahrung, das von Tieren praktiziert wird: »Da das Geben und Nehmen fast gleichzeitig passiert, stellen diese Tauschgeschäfte eine einfache Form von Reziprozität dar.«[29] Die von ihm näher beschriebene Tauschpraxis ist eine bestimmte Form der Symbiose, wie sie zwischen Tiermüttern und ihren Kindern, aber auch zwischen Pflanzen und ihren Parasiten praktiziert wird; wir können von ihr in einer kontinuierlichen Progression zum menschlichen Äquivalententausch gelangen, aber wir können auch eine harte Zäsur annehmen, indem wir für den letzteren einen Wertbegriff einfordern. De Waal verzichtet darauf, von Begriffen bei Tieren zu sprechen, und könnte sowohl mit dem Aspekt des Kontinuums als auch dem der qualitativen Zäsur einverstanden sein. Dasselbe gilt für die Fähigkeit von Primaten, sich im Spiegel zu erkennen. Solange die Affen nicht frei mit dem Spiegel auch im Hinblick auf andere beliebige Objekte umgehen können, verfügen sie nicht über den Begriff des Spiegels und Spiegelbildes, der sich für uns mit dem Phänomen verbindet. Man wird also wie beim Tausch sagen können: ja und nein, weil die benutzten Wörter oder Begriffe äquivok sind.

Aus dem »Streit der Fakultäten« ist vernünftigerweise eine interdisziplinäre Forschung geworden; in ihr wird in unserem Fall von der Philosophie an die Biologie die Frage gerichtet, ob sie die These, kein Gehirn und vermutlich auch kein Tier könne denken, im Rahmen ihrer methodischen Möglichkeiten bestätigen kann, d. h., daß das Gehirn und das tierische Verhalten erfolgreich so beschreibbar und erklärbar sind, daß die jeweiligen Leistungen ohne die Bildung von Urteilen des Typs »S ist/ist nicht P« verlaufen. Diese Aufgabe überschreitet die Kompetenz des Nichtbiologen, der aber sehr wohl den Steckbrief dessen ausstellen kann, was hier eigentlich gesucht und gefragt wird. Ein Ziel dieses Buches ist die präzisere Darlegung dessen, was »Denken« ist, als es in den bisherigen Publikationen zu diesem Thema zu finden ist.

Sandra Mitchell schreibt über *Komplexitäten. Warum wir erst anfangen, die Welt zu verstehen.* Sie geht auf eine Komplexität nicht ein: ihr eigenes Verstehen. Ist es zureichend bestimmt als Emergenzphänomen der komplexen Welt? Sind »wir« Teile dieser Welt, die jetzt endlich anfängt, sich selbst zu verstehen? Sonst müßten wir cartesische oder transzendentale Subjekte außerhalb der Welt sein, was Mitchell sicher nicht annimmt.

Das theoretische und praktische Interesse der Untersuchung

Wir haben ein zweifaches Interesse an der Klärung der Titelfrage, ein theoretisches und ein praktisches. Das theoretische bezieht sich auf die Frage, ob es eine harte Zäsur zwischen Menschen und Tieren gibt und wo genau sie verläuft.

Das rein theoretische Interesse ist um so stärker, als in der Geschichte der menschlichen Überlegungen die Antwort darauf immer wieder aus unsachlichen Gründen erfolgte, etwa aus dem Grund, daß der menschlichen Seele allein der Zugang zur Unsterblichkeit vorbehalten sein sollte und das Denken oder das Bewußtsein und Selbstbewußtsein der beste Trumpf zu sein schienen, den man gegen die Tiere ausspielen konnte: Sie sind nicht unsterblich, weil sie nicht denken und demnach nicht am Logos teilhaben können. Hier also gilt es, den Wert der Erkenntnis ohne Verwicklung in Interessen zu verteidigen, es sei denn, in das Interesse der interessenlosen Erkenntnis. Es ist trivial, daß Tiere an dieser Erkenntnis nicht teilhaben, denn wenn sie auch in unseren Seminaren und Vorlesungen erscheinen, nehmen sie – entgegen Cervantes[30] – an den Erörterungen und am Vortrag keinen Anteil und können allenfalls einen Sitzschein erwerben.

Das praktische Interesse bezieht sich auf das tätige Verhältnis des Menschen zu Tieren, sei es im täglichen Umgang des einzelnen oder von Gruppen, sei es in der staatlichen Gesetzgebung. Man wird intuitiv sagen, daß jemand, der den Tieren das Denken abspricht, sie trotzdem menschlich behandeln und im Unterhaus gegen die Fuchsjagd stimmen kann, daß also unser rein theoretisches Ergebnis auf die praktische Beurteilung der Behandlung der Tiere kaum einen Einfluß hat. Dies ist anders bei einer strikt cartesischen Position, die vorgibt, mit rein theoretischen Argumenten zeigen zu können, daß Tiere komplizierte Automaten und nichts anderes sind, daß ihnen also weder das Denken noch überhaupt eine Psyche zukommt und alle Gefühls- und Vernunftäußerungen purer Schein sind. Wenn diese cartesische Auffassung wahr sein sollte, verliert jeder Einwand gegen Vivisektion oder anderes brutales Verhalten gegenüber Tieren seinen Sachgrund, und der neuzeitliche Tierschutz ist ohne *fundamentum in re* – man könnte ebensogut Steinschutzgesetze erlassen. Nimmt man dagegen ein seelisches Eigenleben der Tiere an, ist der Schutz der Tiere gegen Grausamkeit und für eine artgerechte Haltung in ihrer Natur begründet.

2 Was heißt »denken«?

Denken als Urteilen

Unsere Untersuchung richtet sich auf die Frage, ob Tiere denken können. Nun brauchen wir zur Erörterung und Beantwortung einen Begriff vom Denken, um nicht orientierungslos nach Phänomenen zu suchen, die uns z. B. intelligent oder rational erscheinen. In der Zeitschrift *Science* vom 9. Juli 2004 wird verkündet: »Monkey Think About Doing«, in ihrem Gehirn gebe es neuronale Prozesse, von denen Richard Andersen sagt: »They indicate the thought ›I want to pick up that glass‹.«[1] Aber es wird nicht gesagt, was unter dem Begriff »think about« und »thought« verstanden wird. Gibt die Formulierung »I want to pick up that glass« genau den monkey-Gedanken wieder? Formulieren alle Affen ihre Gedanken auf englisch? Oder gibt es die Gedanken und dann die sprachliche Formulierung gemäß der geographischen Lage des Zoos? Das angeführte Material läßt sich problemlos assoziationspsychologisch erklären; wäre damit jedoch abgedeckt, was »denken« heißen soll, ließe sich der Artikel selbst, der eine Fülle von nichtassoziativen Operationen enthält, nicht mehr als spezifische Denkleistung ansehen. John R. Searle spricht von Gedankenprozessen, die er einigen Tierarten neben Bewußtsein und Intentionalität zuschreibt. Er meint damit »jene zeitlichen Sequenzen intentionaler Zustände, die sich systematisch aufeinander beziehen, wobei die Beziehung durch einige rationale Prinzipien eingeschränkt wird«.[2] Als Beispiel eines solchen Gedankenprozesses wird nicht das nahrungsverlangende Zetern der Säuglinge, sondern ein erwachsener Hund und dessen Lustgefühl angesichts des bevorstehenden Fressens angeführt. Solche Gedankenprozesse oder »propositional attitudes«, dargestellt als ein »daß p«, werden von Searle ähnlich wie Überzeugungen, Glauben und Meinen vage unterstellt mit der Abwehr der Forderung, sie müßten einer näheren Analyse zugänglich sein, denn auch in unserem Bewußtsein gebe es halbdunkle Meinungen, die sich der Sonde einer präzisen Analyse entzögen. Nun wird man dem gern zustimmen, wenn man zwischen Gedanken, die auf Nachfrage präzisiert werden können, und kognitiven Leistungen, die dazu grundsätzlich nicht fähig sind, eine Trennungslinie zieht und die letzteren einfach anders benennt, so daß klar wird, daß es sich um analoge psychische Formationen handelt, die von unserem Urteilsdenken durch eine prinzipielle Kluft getrennt sind. Beim Menschen gibt es z. B. das eingewöhnte Können, das sich vormachen, aber häufig nicht in Denkurteilen explizieren läßt. Daß damit dem Tier »jegliche mentalen Repräsentationen« fehlen,[3] ist nicht behauptet.

Wir versuchen, einen einheitlichen (und nicht spezifisch biologischen, philosophischen, computertechnischen usw.) Denkbegriff einzuführen, indem wir dasjenige Denken und Urteilen zugrunde legen, das von allen Personen bei der Rede über das Denken benutzt wird. Es wäre genau die Denkleistung, die vollzogen wird, wenn unsere Festlegung bestritten wird; der Opponent also widerlegte sich damit selbst. Mehr brauchen wir nicht. Daß es daneben noch eine Fülle geistiger und sprachlicher Aktivitäten gibt – »propositional attitudes« –, die dem Denken qua Urteilen nahestehen, aber nicht mit ihm identisch sind, soll nicht geleugnet werden.

Es wurde schon im Vorgriff das Denken mit Urteilen gleichgesetzt; nur diejenigen mentalen Leistungen also sollen als Denken qualifiziert werden, die bei näherer Analyse die Basisstruktur der Bejahung oder Verneinung aufweisen: »S ist P, S ist nicht P.« Aber präjudizieren wir nicht mit dieser Festlegung das Ergebnis? Haben die Tiere noch eine Chance, zu denken, wenn das Denken in strenger Orientierung am menschlichen Urteilen und Sprechen bestimmt wird? Sind sie nicht schon, so könnte man einwenden, per definitionem ausgeschlossen, und ist damit unsere Untersuchung sachleer und überflüssig? Wir erhalten auf diese Weise zwei Alternativen, die eine vollständige Disjunktion bilden: Wir bestimmen das Denken so eng, etwa als symbolvermitteltes Urteilen, daß die Tiere offenbar ausgeschlossen sind, oder so weit, etwa als kognitive Leistung, daß sie schon z. B. aufgrund ihrer situativen Raumorientierung eingeschlossen sind. Wie läßt sich dieser Engpaß überwinden?

Wenn vom Denken gesprochen wird, darf erstens menschliches Denken nicht ausgeschlossen werden; dieses vollzieht sich jedoch nicht ohne Urteile der angegebenen Struktur, die damit unausweichlich zu einem Merkmal oder zur *conditio sine qua non* des Denkens wird. Zweitens wird das Denken zwar als urteilskompetent angenommen, jedoch nicht mit dem jeweiligen Urteilsvollzug gleichgesetzt, der bei uns in einer der vielen menschlichen symbolischen Sprachen realisiert werden kann.[4] Erst das den vielen Sprachen zugrunde liegende identische urteilsförmige Denken ermöglicht die Akte des Bejahens und Verneinens und damit des Wahr- und Falschseins von symbolisch verfaßten Urteilen in dieser oder jener Sprache. Wenn in irgendeiner tierischen Handlung oder Verlautbarung genau die Leistung aufgedeckt würde, die bei uns das symbolisch verfaßte Urteil ermöglicht, dann hätten wir ein Indiz für ein Denken von Tieren, das dem menschlichen gleicht, sich jedoch nicht in einer symbolischen Sprache äußert. Dies ist eine höchst artifizielle Annahme, die zudem unter dem Mangel leidet, daß jeder vermeintliche Nachweis tierischen Denkens vielleicht doch empirisch durch eine einfachere Erklärung widerlegt werden kann. Gesucht wird also eine kognitive Leistung von Tieren, die ein urteilsförmiges Denken enthält, so daß auch Tiere sich ohne Sprache bejahend oder verneinend auf etwas Externes beziehen können. Hiermit wiederum ist die Aufgabe an die Forschung gestellt, tierische Handlungen oder Verlautbarungen nicht durch einen leichtfertigen Überschritt zum Denken zu erklären, sondern die tatsächlichen kognitiven Leistungen der Tiere in dem ihnen eigentümlichen Status zu erkennen. Diese Leistungen sind häufig frappierend denknah oder denkähnlich, so daß die Sicherheit in der Beurteilung, Tiere könnten nicht denken, ins Schwanken gerät. Wir nehmen entsprechend an, daß Tiere viele psychische Akte vollziehen, die dem Denken *analog* sind; es läßt sich nicht ausschließen, daß diese Analogie bis zum Denken selbst geht, aber die Indizien, die dagegen sprechen, sind überwältigend.

Es sei schon hier auf das Kuriosum hingewiesen, daß Tiere sprachliche Urteile äußern, ohne sie denken zu können; der Papagei verlautbart situationsgerecht perfekte Sätze in vielen Sprachen, erzeugt sie jedoch nicht durch eigenes Denken. Hierin liegt einer der Gründe, die zur Trennung von Denken und sprachlicher Äußerung nötigen. Den Unterschied zwischen der menschlichen und der papageienhaften Äußerung desselben Satzes lassen wir evident sein – wir erinnern an die kleinen feinen Lügen in der Schule, wenn wir so taten, als würden wir eine Formel nicht nur nachplappern. Aber kein Papagei erkennt wie wir, daß er nichts als ein nachplappernder Papagei ist, auch wenn er sagen, d. h. lernen kann zu sagen: »Ich denke nicht, ich rede nur.«

Das Denken läßt sich sprachlich äußern. Wenn gesagt wird,

auch in unserem Bewußtsein gebe es halbdunkle Meinungen, die sich der Sonde einer präzisen Analyse entzögen,[5] soll das nicht in Abrede gestellt werden – es interessiert uns hier nur nicht. Hier wird das Denken erörtert, das sich sprachlich artikulieren und die Antwort auf eine sprachlich formulierte Frage sein kann. Dieser Vorstellung vom Denken entspricht der Begriff eines Denkaktes, einer Operation oder Handlung, denn die Denkoperation vollzieht ein denkendes Wesen selbst; der »Prozeß« kann dagegen ein Es-Geschehen sein, ein Naturverlauf und höheres Lallen – »barbarabararaba« – oder rhapsodischer emotionaler Singsang. Denken ist selbstverständlich auch ein physiologischer zeitlicher Prozeß, es wird aber unterbestimmt, wenn nicht die Artikulation benannt wird, die paradoxerweise gerade nichtkontinuierlich ist.[6] Dies ist das Denken, mit dem wir es als denkende und argumentierende Wesen zu tun haben. (Ob beides ontologisch dasselbe ist, dies zu beurteilen überschreitet unsere nur funktionalen Interessen, die den stolzen Namen der Ontologie ersetzen wollen.)

Das Urteil, systematisch betrachtet

Denken sollte im Kernbereich die Form des Urteilens haben; das Urteilen besteht in seinem elementarsten Ausdruck im Zusprechen oder Absprechen von etwas zu etwas anderem, das dem Urteil extern ist; grammatisch oder logisch formuliert »S ist P« bzw. »S ist nicht P«. Diese bejahenden oder verneinenden Urteile sind wahr oder falsch. Wesentlich ist somit dreierlei: die Möglichkeit der Referenz auf etwas Urteilsexternes, die der Binnendifferenz von Bejahung oder Verneinung und damit drittens die des Wahr- oder Falschseins. Es gibt kein menschliches Denken und Sprechen, das keine Urteile dieser Grundstruktur enthielte; sie erst ermöglicht viertens die Übersetzbarkeit der Sprachen ineinander.

Im Folgenden sollen einige Eigentümlichkeiten dieses Urteils exponiert werden, wobei nur auf höchst einfache Operationen Bezug genommen wird; eine wirkliche Urteilslehre müßte auf einem komplexeren Niveau argumentieren, das aber für unsere Zwecksetzung nicht nötig ist.[7] Im Urteil entdecken wir also den Kernbereich des Denkens, der für die Frage, ob Tiere denken können, meines Wissens bisher nicht fruchtbar gemacht wurde. Was trat besonders in neueren Untersuchungen an dessen Stelle?

Tomasello ist der Meinung, Sprechen werde ermöglicht durch die »Grammatikalisierung oder syntaktische Schematisierung, die z. B. beinhaltet, daß freistehende Wörter sich zu grammatischen Markern entwickeln und ungebunden und redundant organisierte Redestrukturen zu festen und weniger redundant organisierten Konstruktionen erstarren«.[8] Aber diese Beschreibung des Übergangs von Wortadditionen zu besser organisierten Redestrukturen ist für die historische Genese des Urteils unbrauchbar (woher kommen die »freistehenden Wörter«?) und systematisch zu vage, denn sie läßt offen, worin sich die Rede vom intern grammatisch strukturierten Dadada, Barbaraba usw. unterscheidet. Sie könnte nach divergierenden Mustern geschehen, so daß Sprachen nicht ineinander übersetzbar wären, und sie klärt weder die notwendige Referenz noch die Negierbarkeit des Urteils. Nach anderer Meinung soll die Sprache aus dem Singsang der Menschen entstanden sein, ganz ähnlich wie bei unseren entfernten Verwandten, den Vögeln. Der neue Star in der Szene der Sprachentstehungsforschung ist der Star auf unseren sommerlichen Hausdächern, *sturnus vulgaris*; ihm wird testiert, er sei »capable of recognizing complex grammar«. »Die Rekursion, von der man einst annahm, sie sei der menschlichen Sprache vorbehalten, scheint jetzt von einem gewöhnlichen Singvogel beherrscht zu werden – vielleicht gibt dies einen Einblick in die Ursprünge der Sprache«, lautet der Untertitel des Artikels in *Nature*.[9] Der Leser antizipiert schon unsere vergebliche Nachfrage: Kann der neue *shooting star* mit seinem Gesang auf etwas Externes referieren? Ist sein Starengesang wahr oder falsch? Fließt wenigstens in einigen Partien, in denen er das Motiv wiederholt und variiert, eine Negation ein? Ist er in die Gesänge anderer Vögel übersetzbar? Wenn dies alles nicht der Fall ist, mag er seinen Gesang organisieren, wie er will – vom Denken und Urteilen und menschlichen Sprechen kann hier sowenig die Rede sein wie beim Gesang der Buckelwale.

Im Denken werden nicht Assoziationen oder Parataxen gemäß grammatischen Regeln vorgestellt, sondern es wird eine exakte semantische und logisch-syntaktische Struktur repräsentiert. Der Subjektbegriff referiert auf ein urteilsexternes Etwas, während der Prädikatbegriff mittels des Satzsubjekts etwas über das Referenzobjekt aussagt. »Theätet fliegt«: Über den dort Sitzenden mit dem Namen Theätet wird ausgesagt, daß ihm das Prädikat bzw. die Eigenschaft des Fliegens zukommt. Die Referenz kommt nicht durch den bloßen Namen, sondern durch die strukturierte Aussage zustande. Das Etwas des Subjekts (Theätet) und des Prädikats (Fliegen) sind die *Inhalte* des Urteils, die im Urteil *formal* verbunden werden. Theätet selbst ist von dem Urteil über ihn sowenig tangiert wie dadurch, daß jemand aus der Ferne auf ihn zeigt oder ihn fotografiert.

Wer etwas von etwas bejaht, muß das Urteil verneinen und umgekehrt ein verneinendes Urteil bejahen können. Wir haben es hier mit der *paradoxen* Verbindung von mindestens zwei Gedankenteilen oder Wörtern oder Symbolen zu tun, die trotz dieser ihrer formalen Verbindung auch besagen kann, daß die Verbindung inhaltlich aufgehoben wird, denn das Urteil »S ist nicht P« behauptet das Getrenntsein von S und P. *Die formale Urteilseinheit bleibt also bestehen, obwohl sie ihre eigene inhaltliche Aufhebung behauptet.* Wenn wir vom Denken sprechen, meinen wir die Fähigkeit zu dieser paradoxen Leistung des bejahenden oder verneinenden Urteilens.[10] Später werden wir versuchen, die paradoxe Verbindung genetisch zu erklären.

Das Denken ist eine Leistung mit emergenten Eigenschaften, die sich in den isolierten Teilstücken nicht aufweisen lassen, auf sprachlicher Ebene in den einzelnen Wörtern oder ihrer beliebigen Verbindung, etwa der grammatischen Regel, auf fünf Substantive sieben Verben folgen zu lassen.

Mit der Verknüpfung des genannten Urteils wird die Geltung des Satzes vom ausgeschlossenen Widerspruch unterstellt, denn es kann nur sinnvoll bejaht und verneint werden, wenn das eine Urteil dem anderen widerspricht und damit nicht beides zugleich behauptet werden kann.[11] Gehirnströme und Herzklopfen können sich sowenig wie Atome, Kristalle oder Bäume oder Bilder oder gesellschaftliche Verhältnisse etwa auf Kuba widersprechen, weder äußerlich noch innerlich, auch Zeichen und Zeichensequenzen der Pflanzen, Menschen und Tiere sind (im Gegensatz zu Urteilen) Fakten, die widerspruchsimmun sind.[12] Dazu gehören auch die Gebilde der Einbildungskraft, die keine Möglichkeit der Bejahung und Verneinung und damit des Wahr- oder Falschseins bieten. Nimmt man an, alle menschlichen geistigen Tätigkeiten seien Akte der Einbildungskraft, hat man allen anderen und sich selbst einen Bärendienst erwiesen. Ihr entzieht sich die Negation, denn man kann sich ein Nichtdaseiendes imaginativ ebensowenig vorstellen, wie man auf Nichtdaseiendes zeigen kann. Wir können Sachverhalte imaginieren, in denen bestimmte Dinge nicht vorkommen, aber deren Nichtvorkommen selbst läßt sich nicht imaginieren, sondern nur erkennen.

Subjekt und Prädikat sind *diskrete* Einheiten, die aufeinander bezogen und voneinander getrennt werden können. Durch diese Diskretheit der Teile wird das Urteil aus dem psychologischen Kontinuum und Prozeß der Vorstellungen, Gefühle und intentionalen Einstellungen durch einen Kunstakt herausgehoben; es steht eine gegen außen abgeschlossene formale syntaktische und semantische Struktur zur Verfügung, deren Stellen unterschiedlich besetzt werden können. »Theätet, Protarchos usw./fliegt, fliegt nicht, geht, geht nicht usw.« »X liegt/liegt nicht zwischen y und z.« Erhalten bleibt die formale Achse der möglichen Bejahung und Verneinung zwischen mindestens zwei distinkten inhaltlichen Elementen. Den separaten Teilstücken kommen unterschiedliche, nur in dieser formalen Verbindung mögliche Funktionen zu, wobei die Lokalisierung dieser Funktionen im syntaktischen Gefüge oder die Ausdrucksform überhaupt in verschiedenen Sprachen unterschiedlich sind.[13]

Das Denkmolekül »S ist/ist nicht P« stellt die paradoxe Urteilshandlung in ihrem Minimalbestand dar, der nicht mehr unterschritten werden kann; die atomaren Bestandteile »S«, »P«, »ist«, »ist nicht« können assoziiert und aufgezählt werden, ohne den Sprung aus den bloßen Laut- und Schrift*zeichen* zum *Symbol* im Urteil zu vollziehen. Wie das Urteil aus dem psychischen Kontinuum als separate, künstliche Einheit herausgestellt wird, so läßt es sich nicht umgekehrt im räumlichen Kontinuum imaginieren oder verbildlichen, sondern nur durch akustische oder schriftliche oder haptische *Symbole* repräsentieren und denkend erfassen. Keiner Darstellung des Urteils für den Hör-, Seh- oder Tastsinn kann man die eigentümliche Struktur des Denkaktes entnehmen, denn in der Darstellung wird die formale Einheit, die die Behauptung der inhaltlichen Verbindung oder Trennung ermöglicht, gerade getrennt und in ein kontinuierliches Neben- oder Nacheinander von Zeichen aufgelöst. Nur wer selbst zu denken vermag, kann erkennen, welche geistige Handlung mit den Schrift- oder Lautsymbolen überhaupt gemeint ist, denn die räumlich und zeitlich auseinandergelegten Darstellungen bringen gerade das nicht zur Erscheinung, was sie darstellen wollen. In diesem entscheidenden Einheitspunkt ist das Urteil nur denkbar, aber nicht äußerlich oder imaginativ darstellbar. Jede Visualisierung, jede Bildgebung ist vom Denken und Urteilen durch eine Kluft getrennt.[14]

Apropos Einheit: Auch wenn man annehmen muß, daß Tiere nicht denken können, so wird man ihnen die Einheitsbildung psychischer Vorstellungen nicht absprechen dürfen, denn ohne die Synthese von vergangenen und gegenwärtigen Vorstellungen gibt es keine Assoziationen; Tiere müssen auch einheitliche Raumgestalten und Tonfolgen als solche bilden und erfassen können. Aber diese Einheitsbildungen sind spezifisch unterschieden von der Einheitsform des Urteils bei trennbaren Inhalten. Zur Einheit des ersten Typs gehört die Urteilsäußerung des Papageis, eine Kopie der Denkhandlung des Menschen, der das Urteil erdachte und dem gedankenlosen Vogel beibrachte. Für den Papagei besteht die einheitliche Äußerung aus beliebig aneinandergefügten Lautzeichen mit dem zeitlichen Beginn und Schluß.

Die Alternative von Bejahung und Verneinung umfaßt alle Sprech- und ergo Denkhandlungen, zu denen auch Wünsche,

Bitten, Fragen oder Befehle gehören,[15] nicht jedoch das Stöhnen, Wiehern, Knarren usw., also bloß indexikalische Zeichen von Menschen oder Tieren oder alten Schränken. Das Knarren kann sowenig wie der Gesang der Vögel oder das Pfeifen von Mäusen auf etwas referieren, es kann nicht wahr oder falsch sein, und es kann nicht knarrend das Nichtknarren kundtun.

»S ist/ist nicht P.« Der Subjektbegriff bezeichnet unabhängig von Bejahung und Verneinung einen identischen externen Gegenstandsbereich, dem vermittels dieses Subjektbegriffs das Prädikat bzw. die Eigenschaft P zu- oder abgesprochen wird. Der Gegenstandsbereich kann in Asien, im Himmel, im Reich der nichtreellen Zahlen und des Dadaismus, also nirgendwo und nirgendwann sein, er kann das Bewußtsein und das Denken und Urteilen selbst betreffen, die mehrwertige Logik, das Unmögliche und das Nichts, das es gibt oder nicht gibt: Er wird gedanklich durch den Subjektbegriff erfaßt, und durch ihn und nur durch ihn läßt sich das Prädikat dem Gegenstandsbereich oder Gedachten in einer bejahenden oder verneinenden Aussage zu- oder absprechen. Mit dieser referentiellen Beziehung, die durch die syntaktische Relation von Subjekt und Prädikat eröffnet wird, entsteht die Möglichkeit der eindeutigen Rollenzuweisung der beiden Begriffe. Wo auch immer in der zeitlichen oder räumlichen Folge der Subjekt- und wo der Prädikatbegriff steht, es übernimmt der erstere die Funktion der primären Referenz, die der Prädikatbegriff mit einem Inhalt versieht und dadurch erst realisiert. Wir wollen den Begriff des Begriffs so fassen, daß er die Tauglichkeit anzeigt, eine Funktion im Urteil zu übernehmen. Wesen, die nicht urteilen können, verfügen also nicht über Begriffe.

Sodann entsteht hier die Möglichkeit des Wahrseins und Falschseins des Urteils, denn jetzt ist überprüfbar, ob das Zusprechen oder Absprechen dem gedachten Etwas oder Referenzbereich tatsächlich zukommt oder nicht. Im Hinblick auf ihr mögliches Wahr- oder Falschsein sind Bejahung und Verneinung gleichberechtigt. Die syntaktische Verbindung von mindestens zwei Symbolen in einem bejahenden oder verneinenden Urteil eröffnet allererst eine semantische oder intentionale wahre oder falsche Beziehung auf seiende oder nichtseiende »Dinge« außerhalb des Urteils.[16] Wäre nicht dieses identische Dritte im Spiel, auf das sich P durch S bezieht und ihm zu- oder abgesprochen wird, könnte unter den bejahenden Aussagesätzen nur der nichtssagende Satz »S ist S« wahr sein, und »S ist P«, etwa »Die Rose ist das Rot«, wäre immer falsch, denn die Rose ist eine Blume und keine Farbe. Bejahung und Verneinung beziehen sich also im Prinzip immer schon auf die Frage, ob P dem Gedanken oder Bereich, auf den S referiert, zuzusprechen ist oder nicht.

Wenn Worte als solche »die Fähigkeit zur Referenz«[17] haben, ist einschränkend hinzuzufügen, daß damit das Wort dieser oder jener Sprache noch ein bloßes Zeichen bleibt, das wie ein Klopfzeichen oder Pfeifton zufällig mit einem bestimmten Ding oder Ereignis durch Gewohnheit und Konvention assoziiert wurde und das man nun in der Sprachgemeinschaft gemäß dieser Übereinkunft verwenden kann und zur Aufrechterhaltung der Kommunikation möglichst verwenden soll; diese Wörter qua Zeichen können Tiere lernen. Wird jedoch aus dem Wortzeichen im Urteil ein Symbol, ändert sich durch die prädikative Struktur des Satzes auch die Referenzbeziehung in der Weise, daß jetzt das Urteil unabhängig von allen Konventionen und Wortverwendungen in dieser oder jener Sprache wahr oder falsch werden kann.

An die Stelle des Subjektbegriffs, durch den auf den anwesenden oder abwesenden, vielleicht schon toten Theätet verwiesen wird, kann in unseren Sprachen das Ich selbst treten: »Ich fliege/fliege nicht.« Wenn das bejahende oder verneinende Urteil die Antwort auf eine Frage ist, ist es möglich, den Fragenden einzubeziehen in den Bereich möglicher Subjekte, so daß wir zu der Dreiheit von er, sie, es/ich/du gelangen, die in dem antwortenden Urteil angelegt ist und ohne Änderung der molekularen Struktur von »S ist/ist nicht P« realisiert werden kann.

Mit der Beziehung des bejahenden oder verneinenden Urteils auf einen identischen Sachverhalt wird dieser als objektiv vorgestellt und das Urteil aufgrund seiner prätendierten Objektivität als allgemeingültig. »Rom liegt/liegt nicht zwischen Kapstadt und Berlin«, »Seelische Zustände sind/sind nicht nur aus der Ich-Perspektive zugänglich«. In beiden Fällen nimmt das Urteil einen subjektneutralen Standpunkt ein, so daß es auch von jedem anderen hätte gedacht und in einer der vielen Sprachen hätte gesagt werden können. »Ich fühle mich wohl« – das Urteil bezieht sich objektiv auf meinen Zustand. Wird die Objektivität restringiert, kann eine modale Einschränkung vorgenommen werden: »Ich meine, glaube usw.; von hier aus erscheint der Turm hoch usw.« »Der zentrale theoretische Punkt ist, daß sprachliche Symbole die unzähligen Weisen der intersubjektiven Auslegung der Welt verkörpern [...].«[18] Jedes einzelne Urteil will jedoch wahr sein. Völlig überzeugend schreibt Davidson hierzu: »Um die Rede eines anderen zu verstehen, muß ich fähig sein, an dieselben Dinge zu denken, an die er denkt; ich muß seine Welt teilen. [...] Kommunikation hängt davon ab, daß jeder Kommunikationspartner den Begriff von einer geteilten Welt – von einer intersubjektiven Welt – hat und korrekterweise auch denkt, daß der andere ihn ebenfalls hat.

Aber der Begriff von einer intersubjektiven Welt ist der Begriff von einer objektiven Welt [...].«[19] Objektiv-einheitlich und nicht perspektivisch-plural. Wir werden im Folgenden den hier gebrauchten Begriff des Intersubjektiven durch den des Öffentlichen ersetzen, weil intersubjektiv auch viele Beziehungen zwischen Tieren sind, die die spezifische Rede, von der Davidson spricht, nicht kennen.

Es wurde bisher als selbstverständlich unterstellt, daß die sprachlichen Urteilsakte und die ihnen zugrunde liegenden Denkakte so wie das Zeigen durch Individuen vollzogen werden. Sie sind individuell und okkasionell, also nicht eingebunden in bestimmte, vielleicht schon genetisch festgelegte Rituale. Schon hierdurch unterscheidet sich das Zeigen und Reden der Menschen von der sogenannten Bienensprache, in der anderen Bienen in festem Ritual durch tänzelnde Bewegung mitgeteilt wird, in welcher Flugrichtung und Entfernung Blüten zu finden sind.[20] Das wohl Singuläre am Bienentanz als einer Form der Mitteilung besteht darin, daß er sich auf etwas sinnlich nicht Präsentes, nicht kausal Einwirkendes, sondern räumlich Entferntes bezieht. Diese Mitteilung ist jedoch an den singulären Fund und das Jetzt der Situation gebunden; es fehlt dem Bienentanz die Möglichkeit, anderen Bienen mitzuteilen, daß es in einer bestimmten Richtung und Entfernung *keine* Blüten gibt[21] – eine für das Leben und das bequeme Leben der Bienen sicher willkommene Nachricht, weil sich damit die Mühe von Kundschaftern sparen ließe. Diese Unfähigkeit der Negation teilt der Bienentanz mit dem menschlichen Zeigen – niemand kann auf etwas, was nicht der Fall ist, mit dem Finger zeigen. Auch das Zeigen ist an etwas singulär Existierendes und das Jetzt gebunden. Sowenig wie die Bienen ihren Mitbienen zeigen können, daß gestern dort und dort große Blütenfelder waren, so wenig kann man mit dem Finger auf Vergangenes zeigen.

Es ergeben sich weitere fundamentale Potenzen des Urteils »S ist/ist nicht P«. Wir beziehen uns mit P mittels des Subjektbegriffs auf einen Sachverhalt. Während wir Farben, Gerüche, Laute und Stimmungen unmittelbar empfinden, stellt das Denken eine Vermittlung her zwischen einem urteilsexternen Etwas – z. B. der eigenen Stimmung – und dem Prädikatbegriff. Das begrifflich vermittelte Denken enthält damit eine Distanz zu den Empfindungen oder Wahrnehmungen, in Grenzfällen sogar zu sich selbst: Das Urteil kann sich selbst zu seinem Gegenstand machen (wie es hier geschieht) und die Logiker möglicherweise in Aufregung versetzen: »Dieses Urteil ist falsch.« Nicht so unvermittelt: »Alle Kreter«, behauptet der Kreter, »lügen.«

Für unsere Untersuchung ist mit dieser Beobachtung etwas Entscheidendes erreicht: Erst durch das Urteil werden die Gegenstände, mit denen wir uns befassen, *als solche*, als Objekte, ermöglicht. Die Dinge kommen in den raum-zeitlich-kausalen Tierwelten und Menschenwelten in vielfachen anderen Lebensbeziehungen vor, als nahe oder ferne Freß-, Lust- und Furchtsyndrome, als Geräusche und Signale, zum Gegenstand der Erkenntnis werden sie jedoch erst durch die objektivierende, distanzierende und kausal befreite Kraft des Urteils. Nur durch die Urteilsstruktur ist es möglich, die Frage, ob Tiere denken können, ohne ihre Anwesenheit zu thematisieren und zu bejahen oder zu verneinen.

Wir bemerken, daß es auf beiden Seiten zu einer Metamorphose kommt; aus den Syndromen von lebensbezogenen Empfindungen und Wahrnehmungen werden erkannte oder wenigstens zu erkennende Objekte, und aus dem psychischen

Geschehen, in dem sich innere Empfindungen wie Hunger und Durst und äußere wie Duftmarken und Farben und Gestalten zu Vorstellungskomplexen mischen, wird ein denkendes und urteilendes menschliches Subjekt, das die Fähigkeit hat, das Äußere und Innere und sich selbst zu thematisieren und sie dadurch *als solche* zu unterscheiden und zu distanzieren. In diesem Sinn kreiert erst das Denken Subjektivität.

Die originäre Beziehung des Urteils auf eine Frage oder Aufforderung eröffnet die Kandidatenliste des er, sie, es/ich/du im Singular und Plural für die Subjektstelle. »Theätet fliegt«, »Ich fliege«, »Du fliegst«. Diese Variationen sind problemlos innerhalb der Molekularstruktur des Urteils »S ist/ist nicht P« möglich. Falls an der Subjektstelle kein Pronomen oder Eigenname, sondern ein Allgemeinbegriff steht, kann dieser quantifiziert werden: »Alle Menschen sind sterblich; nun sind alle Athener Menschen, also sind alle Athener sterblich.« Das Urteil ist also so strukturiert, daß es ohne Probleme die Grundlage des prädikativen Schließens bildet. Und umgekehrt: Ohne Urteil gibt es keinen formal und bzw. oder inhaltlich richtigen oder falschen Schluß.

Das prädikative Urteil ist explizit oder implizit die Antwort auf eine öffentliche oder öffentlichkeitsfähige Frage.[22] Man kann fragen: »Können Tiere denken?«, und die Antwort lautet: »Ja, sie können denken, denn [...].« »Nein, sie können nicht denken, denn [...].« »Denken schon, aber nicht eigentlich, denn [...].« Oder man kann nachfragen: »Was heißt ›die Tiere‹?«, »Was heißt genau ›denken‹?«. Frage und Antwort sind durch etwas ausgezeichnet, das den Tieren offenbar entschieden fehlt: Sie sind nicht situativ gebunden, sondern können sich auf alles Mögliche und Unmögliche beziehen. Des weiteren unterstellen Frage und Antwort idealiter, daß die Sprache –

ob Griechisch oder Babylonisch, Hopi oder Deutsch – keinen Einfluß auf das Gemeinte, das Gefragte und das Geantwortete hat. Menschliche Sprachen sind als solche ineinander konvertierbar. Für ein Wesen, das die Wörter nur als Zeichen und nicht als Symbole rezipiert, ist die Bedeutungsidentität des sinnlich Verschiedenen unbegreiflich. Wenn wir eine Identität des Denkens in den vielen verschiedenen Sprachen annehmen, dann in entfernter Analogie zu den aristotelischen Ideen, die dieselben sind in den verschiedenen sinnlichen Instantiierungen. In allen menschlichen Sprachen wird dieselbe Urteilslogik verwendet, mit ihr wird das Urteil gedacht und als sprachliche Äußerung ermöglicht. Papageien können in allen Sprachen formvollendet sprechen, aber sie erzeugen, wenn nicht alle Zeichen trügen, keine Urteile im Denken, ihre aggregierten Zeichen sind keine urteilslogisch organisierten Symbole. Sie können nicht als Subjekte eine Objektbeziehung herstellen.

Es gehört zu den Überbietungsformen des Geistes, daß die Meinung, im Denken und Sichverständigen der situativen Einbindung zu entkommen, als Ideologie oder wenigstens als falsch entlarvt wird: Jeder urteile nur aus seiner Geworfenheit, aus seinem Standpunkt oder Horizont heraus. Es genügt hier, wie häufig, die Antwort *ad hominem*, denn diese Entlarvung, die zugleich aufs Allgemeine zielt, macht unweigerlich von unserer Annahme Gebrauch. *Wie* dieses nichtsituative Denken allgemein möglich ist, wissen wir vermutlich beide nicht; dieses Nichtwissen kann es aber nicht erschüttern.

Wir sind seltsamerweise dazu in der Lage, uns selbst situativ in diesem Zimmer hier zu just dieser Zeit wahrzunehmen oder vorzustellen, ich – hier – jetzt. Wir trauen jedoch darüber hinaus jedem gesunden mündigen Menschen (aber niemals einem Tier) zu, sich mit demjenigen Wesen zu identifizieren, das jetzt hier diesen Satz niederschreibt oder aus einer bestimmten Perspektive fotografiert wird. Das bedeutet: Wir können uns selbst thematisieren und unterscheiden uns als thematisierte Personen nicht mehr von anderen Dingen und Menschen, die wir zu Gegenständen unseres Urteils machen. Es ist verlockend, die vielerörterte Frage des menschlichen Selbstbewußtseins genau hier anzusiedeln: Uns nahe verwandte Tiere verfügen über Bewußtsein und ein ihren übrigen mentalen Fähigkeiten entsprechendes Selbstbewußtsein, sie können darüber jedoch offenbar nicht reflektieren, weil sie, so unsere Vermutung, generell nicht urteilen können. Der Mensch dagegen hat das zum Leben und besonders zum sozialen Leben nötige animalische Selbstbewußtsein, aber er kann dieses Selbstbewußtsein darüber hinaus noch im Urteil thematisieren und so den Überschritt vom naiven Selbstbewußtsein zur versuchten Selbsterkenntnis machen.[23] Wir entdecken, daß die paradoxe Urteilseinheit nur durch ein einheitliches Ich erstellt werden kann.

Eine derartige Thematisierung liegt auch dann vor, wenn die Antwort in dem Eingeständnis besteht, die Frage nicht beantworten zu können, oder wenn sie implizit durch eine Handlung gegeben wird. Stellt jemand die Frage, ob denn Bewegung im Sein überhaupt möglich ist, und der Gesprächspartner beginnt, auf und ab zu gehen, dann läßt sich seine Handlung in das Urteil überführen: »Bewegung ist möglich, denn sie findet hier wirklich statt.« Die Bewegung des mitgeführten Hundes besagt nicht dasselbe, was der Kyniker Diogenes (von *kyōn*, »Hund«) nicht wahrhaben wollte. Das Hin- und Hergehen ist im ersten Fall nicht die Befolgung einer Aufforderung, sondern die witzige Antwort auf eine eleatische Frage.

Durch diese dialogische Einbindung jedes Urteils in einen wirklichen oder möglichen öffentlichen Kontext von Frage und

Antwort eröffnet sich das schon angedeutete Feld der Begründung (statt der bloßen Wiederholung) der Behauptung: »Ja, denn [...]«, »Nein, denn [...]«. Der Grund muß selbstredend subjektinvariant sein, also für jedes urteilsfähige Wesen Geltung beanspruchen. Die Begründung ist eine der logisch genauer artikulierten Verknüpfungsformen von Urteilen zu einer Kette von Aussagen, die auf den ersten Blick den Eindruck eines Denkprozesses erweckt, für das Denken selbst jedoch aus diskreten, hypo- oder parataktischen Verknüpfungen besteht.

Der epistemische Status einer Aussage kann in verschiedenen Stufen verortet werden – sie kann beanspruchen, eine sichere Erkenntnis, eine vage Vermutung, eine Überzeugung oder eine Arbeitshypothese zu sein. Ein denkfähiges Subjekt kann umgekehrt nur dann über diese Einstellungen verfügen, wenn es sie für sich oder auf Nachfrage durch andere thematisieren und wiederum begründen kann. »Ich glaube, daß [...]« heißt: Ich weiß es aus bestimmten Gründen nicht genau, ich bin mir nicht sicher usw. Können Tiere von etwas überzeugt sein, es nur glauben, aber nicht exakt wissen oder erkennen? Nur dann, wenn sie die Unterschiede dieser Einstellungen erkennen können, was kaum der Fall sein dürfte.

Zur Phylogenese des Urteilens

Der Mensch ist ein *animal rationale*, aber eben ein *animal*, das für uns auf natürlichem Weg zur Besonderung des *rationale* gelangt ist. Wie ist jedoch diese Denkfähigkeit auf natürliche Weise entstanden? Gesucht ist die Brücke zwischen Tier und Mensch, eine Hypothese, die verständlich macht, wie der Mensch durch das referierende, bejahende oder verneinende und damit wahre oder falsche Urteil zur Umwandlung der Dinge in Objekte gelangt sein könnte. Dazu soll ein an die neuere Anthropologie anschließender Vorschlag gemacht werden.

Wir setzen ein mit der objektivierenden Geste des Zeigens, zu der nur Menschen in der Lage sind. Wir werden im folgenden Gedankenexperiment eine herausragende Phase der menschlichen Evolution aufsuchen, in der der Mensch im Unterschied zu allen anderen Tieren das Zeigen gelernt hat. Dies dürfte kaum im Nahbezirk des Waldes geschehen sein, sondern beim Übergang zum Leben in der Savanne mit ihren neuen Fernen.[24] Das Zeigen lenkt die Aufmerksamkeit einer Gruppe auf ein entferntes identisches Etwas, das für sie zu erstreben oder zu fürchten ist. Es kann das ferne lebenswichtige Objekt, das Raubtier, mit der Richtung eines Körpergliedes – des Armes und der Hand, des Zeigefingers – auf wunderbare Weise so bezeichnet werden, als stünde es in greifbarer Nähe; es bedarf nur der Geste und bei den übrigen Mitgliedern der Fähigkeit, die damit markierte Linie selbst im Hinblicken imaginativ zu verlängern bis hin zu diesem fernen, jetzt von allen gesehenen Etwas. Der teleskopische Zeigegestus hat die Fähigkeit, andere situativ auf etwas aufmerksam zu machen, das den Nahbezirk transzendiert.[25]

Das Zeigen erzeugt die gemeinsame Aufmerksamkeit und ist umgekehrt auf sie angewiesen, denn der Zeigegestus ist sinnvoll nur, wenn er als solcher verstanden wird. Der erste Frühmensch, der kühn in die Ferne auf ein von ihm gesehenes Objekt der Angst oder Freude zeigte, konnte aufgrund bestimmter, vorher erlernter mentaler und kommunikativer Fähigkeiten seiner Begleiter deren Aufmerksamkeit über den Arm und die Hand hinaus auf das gemeinte Objekt lenken.

Das gemeinsame Objektivieren ist also nicht das Ergebnis eines Perspektivenwechsels, der sich bei Kleinkindern vollzieht, wenn sie sich in die Sichtweise eines Erwachsenen einüben; dieses verbleibt in der Nahbeziehung zwischen Menschen und ist offenbar auch bei Tieren möglich, sonst könnten Jungtiere nicht durch Nachahmung lernen.

»Da ihre [der Menschenaffen, R. B.] Umwelt wenig Blickkontakte ermöglicht, verlassen sie sich auf Zurufe. Folgt man beispielsweise einem erwachsenen männlichen Schimpansen, macht dieser immer wieder halt, wendet den Kopf und lauscht auf seine Gruppenmitglieder in einiger Entfernung. [...] Man weiß zuverlässig, daß Schimpansen sich an ihren Stimmen erkennen. Überall im Wald erklingen sie, einige in der Nähe, einige schwach in der Ferne, und das Sozialleben der Menschenaffen spielt sich zu großen Teilen in einer Welt der Vokalisierungen ab.«[26] Das Zeigen privilegiert dagegen den Sehsinn, denn worauf nur gezeigt werden kann, läßt sich zur Zeit des Aufmerkens weder hören noch riechen, noch schmecken oder betasten. Das Zeigen wird entwickelt, wenn die Nahsinne versagen. Es ist in gewisser Weise das Gegenteil des Verfolgens einer Spur, das mittels eines Nahsinnes erfolgt, auch wenn das Beutetier, von dem die Spur stammt, in weiter Ferne ist. Das Spurenfolgen zwingt dazu, die beteiligten Sinne am Boden zu halten, während das Zeigen erst durch den *homo erectus* möglich ist und ihn wechselweise nötigt, diese Haltung einzunehmen.

Das Zeigen mit Arm und Hand muß für die Tiere der Umgebung etwas Wahnhaftes haben, weil es für ihre Verhältnisse gänzlich funktionslos ist. Daß jemand zu etwas hinlangt oder den Arm ausstreckt, um etwas zu fassen, können sie begreifen, daß aber diese Geste in die Luft, in das Nichts hinein gemacht und wiederholt wird, ist durch und durch abwegig.[27] »When the finger points at the moon, the fool looks at the finger.« Für die Menschen dagegen wird nicht auf nichts gezeigt, sondern auf ein bestimmtes Etwas, das für das Überleben und die Überlegenheit des *homo novus* entscheidend sein kann.

Der indizierte Sachverhalt, auf den aus einer bestimmten Perspektive gezeigt wird, ist als solcher gegenüber dieser speziellen Richtung indifferent; im Prinzip könnte von jedem Standpunkt im Umkreis auf ihn gewiesen werden. Damit abstrahiert die zeigende Person implizit von sich selbst und ihrem »hier«. Der Sachverhalt ist als objektiver gemeint, der Zeigegestus auf das identische Etwas könnte von vielen Orten aus erfolgen, aber immer nur »jetzt«, niemals auf etwas, das jetzt nicht da ist.

Für diesen idealtypischen Akt im neuen, offenen Raum bedarf es spezifischer Voraussetzungen, die die meisten Tiere nicht mitbringen. Zu ihnen gehört eine Vorform der geteilten Aufmerksamkeit etwa in der gezielten Hilfeleistung der Gruppenmitglieder untereinander.[28] Auch darf der Körper nicht igel- oder fischartig geformt sein, sondern muß über geeignete Glieder verfügen wie Arme und Beine, einen Schwanz oder einen Rüssel.

Mit der gemeinsamen Aufmerksamkeit wird eine erste Form der Öffentlichkeit gestiftet. Sie gilt nur für die Gruppenmitglieder und ist qualitativ unterschieden von allen vorhergehenden Formen der intersubjektiven Sozialisation und des Zusammenlebens auch mit anderen Waldbewohnern.

Der nächste Schritt in unserer Konjekturalgeschichte ist die Begleitung des sichtbaren Zeigegestus durch hörbare Laute, die auch diejenigen wahrnehmen, die in relativer Nähe mit anderen Dingen beschäftigt sind. Hierdurch wird der zweite Fernsinn einbezogen. Die Begleitung des Zeigens durch Laute oder schon einen bestimmten Laut hat die Funktion, den identifizierten Sachverhalt z. B. durch einen Affektlaut zu kennzeichnen – hier hätten wir das Urprädikat; es besagt etwas über etwas anderes, das außerhalb des Nahbezirks von Gestus und Verlautbarung liegt. Der Laut selbst kann als vertrautes Etikett der vokalen prozessualen Kommunikation der Primaten schon vorhanden sein.

Es ist leicht zu erraten, wie unsere Modellgeschichte idealiter weitergeht. Statt mit dem Zeigen verbindet sich der charakterisierende bestimmte Laut P mit einem anderen Laut, der die deiktische Funktion übernimmt; er weist auf das ferne oder vielleicht jetzt auch nahe Etwas, über das P etwas aussagt. Das Zeigen wird jetzt überflüssig und kann allenfalls die duale akustische Verlautbarung »S – P« optisch unterstützen. Die Laute müssen mit dem, worauf sie verweisen, nichts zu tun haben, sie müssen sich nur in ihrer besonderen Funktion verstetigen lassen. Die natürlichen Zeichen werden zu konventionellen Symbolen.

Hiermit wäre eine rudimentäre Form des Urteils gewonnen. Dieses indexikalische Proto-Urteil inkorporiert die deiktische Geste, macht sie jedoch räumlich und zeitlich universell verfügbar. Im Subjektlaut wird ein zeitlich und räumlich entferntes Etwas, »Das da«, imaginativ präsentiert und kann so thematisiert werden, als wäre es gegenwärtig. Dadurch wird das Urteil jedoch in seinem Informationsgehalt prekärer als der einfache, immer positive Zeigegestus, es kann entsprechend auf dem öffentlichen Forum, etwa aufgrund anderer Erfahrungen, bestritten werden. Wird das Bestreiten oder auch Nachfragen – »Ist S P oder Q?« – eines kritischen Zuhörers selbst in das »S ist P« aufgenommen, gelangen wir zu der Formel »S ist/ist nicht P« und damit zu einer symbolischen Verknüpfung, die bejaht und verneint werden und damit wahr oder falsch sein kann. Bestreiten und Nachfrage provozieren die Einkleidung des Urteils in der Form der betonten Behauptung: »Ich behaupte, daß S P ist«, »Ich dagegen behaupte, daß S nicht P ist«. In der »Ich«-Rede gibt der Sprecher das Versprechen, als ebenderselbe auch auf weitere Gegenbehauptungen und Nachfragen zu antworten. Erst die akustische Begleitung des optischen Zeigens ermöglicht den kritischen Einwand und damit die Spaltung in ja und nein und wahr und falsch.[29]

Dies ist etwas weltbewegend Neues: Einer aus der Horde bellt den, der etwas zeigt und diese Bewegung mit zwei Lauten begleitet, nicht an, sondern sagt: »Nein!« Der Widerspruch gewinnt in den nachfolgenden 10 000 Jahren die Form: »Nein, es ist die Nachtigall und nicht die Lerche!« Hier wird begriffen, daß mit der ersten Verlautbarung aufgrund einer vermeintlichen Wahrheit ein Geltungsanspruch gegen andere erhoben wird und daß man diesem Anspruch entgegentreten kann. »Nein! Nach meiner Erfahrung handelt es sich nicht um [...], sondern um [...].«

Mit diesem ersten »Nein!« im Universum war der despotische Solipsismus der Welt durchbrochen und der erste Schritt der Menschen zur Freiheit getan. Es war die gemeinsame Erzeugung eines Urteils mit einer Referenz, der Alternative von Bejahung und Verneinung und damit des Wahr- oder Falschseins. Jetzt kann etwas als etwas erkannt und behauptet und bestritten werden.

Die Urteile können vom Sprecher erzeugt werden, ohne daß er sie öffentlich äußert; damit bildet sich ein interner Sprechvorgang aus, der sich aus den beiden Fernsinnen des Sehens und Hörens zurückzieht und damit eine gewissermaßen übersinnliche Natur im bloßen Denken entwickelt.

In dieser Rekonstruktion ist das elementare Urteil und damit das Denken das Ergebnis des Zusammenwirkens verschiedener Tätigkeiten verschiedener Menschen in einer bestimmten Epoche der Menschheit. Die deiktische Funktion des Subjektbegriffs verdankt sich der Integration des öffentlichkeitstiftenden Zeigens in den damit dualen Lautbereich; die Möglichkeit der Negation des Proto-Urteils beruht auf der Intervention anderer Gruppenmitglieder durch Frage oder Korrektur. Erst durch die Zusammennahme dieser Elemente in eine paradoxe oder hybride sprachliche Einheit, die von einem Sprecher verlautbart wird, ist das bejahende oder verneinende, wahre oder falsche Urteil entstanden. Es bildet eine formale logische Einheit, integriert aber verschiedene Schritte aus seiner multiplen Genese; der wichtigste ist die Aufnahme der Intervention anderer, die mit Frage, Zweifel, Korrektur die erste Feststellung aufsprengen und ihr die Negation aufnötigen. Erst dadurch kommt das paradoxe Gebilde des Urteils zustande, in dem in einer formalen Einheit die inhaltliche Verbindung oder Nichtverbindung behauptet wird.

Auf der Personenseite eröffnet das Zeigen und die Verstehbarkeit des Gestus die Möglichkeit, daß viele Personen an der dualen Relation teilnehmen können; der Sender ist als Zeigender oder Redender singulär, Empfänger jedoch ist die gesamte präsente Gruppe. Die Rollen von Senden und Empfangen können ausgetauscht werden. Insofern kreiert das Zeigen die Öffentlichkeit der Gruppe und eine neue Positionierung im Rollenspiel. Sodann erwirbt der Sachverhalt, auf den gezeigt wird und auf den sich die Aufmerksamkeit aller Teilnehmer jetzt richtet, den Status eines öffentlichen Gegenstandes, der sich außerhalb der unmittelbaren Gebrauchshandlungen durch genauere Bestimmungen etabliert. Es ist, wie schon angedeutet, im emphatischen Sinn das erste Objekt dank der öffentlichen gezielten Aufmerksamkeit. Das Urteil referiert auf einen Sachverhalt und besagt etwas über ihn (wahr oder falsch), wendet sich an andere Personen mit einem Geltungsanspruch (das Urteil soll als wahr akzeptiert werden), ist widerspruchs- und befragungsfähig (bejahend oder verneinend) und konsolidiert damit den Öffentlichkeitsraum durch ein öffentliches sprachliches Symbolsystem mit menschlichen Subjekten und Sachverhalten als Objekten. Das Subjekt erfährt eine neue Bestimmung im wechselnden Rollenspiel mit der neuartigen Handlung des Redens in Urteilen mit der neuen Vokabel »ich«, damit auch »du« und »es«. Während der Zeigegestus notwendig auf ein fernes Es gerichtet war, kann sein Folgeprodukt, das Urteil, alles Mögliche und Unmögliche thematisieren, auch das Ich des Urteilenden selbst. Mit dieser Selbstbeziehung der ursprünglichen Außenreferenz erlebt auch das alte animalische Erbstück, das Bewußtsein und Selbstbewußtsein, eine Metamorphose, es wird artikulierbar im Öffentlichkeitsraum und kann zur verantwortlichen Person im Feld der sprachlich verfaßten sozialen Normen werden. Man kann über das indexikalische »ich«, über sein Bewußtsein und Selbstbewußtsein ebenso sprechen und denken wie über eine Büffelherde.[30]

Tomasello weist auf die triadische Konstellation beim Zeigen hin; es gibt die Person a, die auf den Gegenstand b weist und sich damit an die Person c wendet.[31] Die Beziehung zwischen den Personen wird in der Sprache aufgenommen und von Tomasello wie von Davidson als »intersubjektiv« bezeichnet.[32] Aber intersubjektiv sind auch die körperlichen Berührungen der Vorzeit oder die Spielrituale bei Jungtieren; daher meine ich, daß man schon an dieser Stelle einen entscheidenden Schritt in der Bezeichnung wagen kann und die triadische Beziehung wie oben als eine öffentliche bezeichnen sollte. Die triadische Konstellation von Zeigendem, Adressaten und *entferntem* bestimmten Ding ist als solche öffentlich. Das Zeigen und das Urteilen sind, so lautet die Moral unserer Geschichte, das Ergebnis nicht des monologischen Grübelns eines Spracherfinders oder des Duetts beim Morgengesang der Stare, sondern einer öffentlichkeitstiftenden Kooperation in einem physisch offenen Raum, etwa der Savanne. Es ist eine Kooperation nicht nur einer Gruppe von Menschen, sondern auch des Seh- und Hörsinns, von Körper und entstehendem Geist.

MacNamara plädiert dafür, das Zeigen und das sprachliche Auf-etwas-Referieren als eine prinzipiell nicht erlernbare, nur dem Menschen angeborene Primärfähigkeit anzusehen – »[...] *referring* is best taken as a primitive of cognitive psychology«.[33] Aber dies gilt erst seit unserer Savannengeschichte.

Nach Davidson und Tomasello steht, wie wir sahen, das Zeigen in einer triadischen Konstellation, das von ihnen nicht entwickelte Urteilen ist dagegen auf eine vierstellige Beziehung angewiesen: 1. das urteilsexterne Etwas, 2. dessen Stellvertreter im Satz, den Subjektbegriff, 3. das Prädikat, das durch S auf das urteilsexterne Etwas zu beziehen oder nicht zu beziehen ist, und 4. das urteilende Ich, das über Bejahung oder Verneinung entscheidet und das Urteil mit dem Anspruch der Wahrheit und damit Geltung ausspricht. Wir können pointieren und sagen, daß es vor dem Akt des Urteils weder ein Subjekt noch das von ihm kreierte Objekt gibt; erst die freie Urteilstätigkeit stiftet die polare unsichtbare Struktur von denkfähigem, freiem Ich-Subjekt und erkennbarem Objekt.

In unserem Vorschlag wird das Objekt gemeinsamer Aufmerksamkeit nicht zweimal von den Menschen entdeckt, sondern es wird in einem Entwicklungsgang das Urteilen und Denken aus dem Zeigen generiert; das Objekt, über das gesprochen und geurteilt wird, ist dasselbe, auf das vorher schon gezeigt wurde.

Wir haben hiermit die kopernikanische Wende vom Himmel auf die Erde, näher: in die Savanne, geholt und aus dem Ding an sich der animalischen Lebenswelt einen Gegenstand gemacht, der nur in der menschlichen Erkenntnis erscheint. Urteilen und Sprechen ermöglichen eine mit Objekten besetzte Öffentlichkeit; beides entsteht aus der Distanz, nicht aus den Nahbeziehungen der Familie oder Horde und dem Feuer oder der Arbeit. Das Zeigen und allmählich nachfolgende Denken in Urteilsform wurde, wenn wir unseren Savannen-Film weiterlaufen lassen, zu einem Überlebensinstrument der redefreudigen Savannenhorde. Das begleitende Bewußtsein und Selbstbewußtsein erweiterten ihre Präsenz, und das Gehirn hatte die dringende Aufgabe, die Infrastruktur für die enormen intellektuellen Anstrengungen zu liefern. Daß das Denken das Gehirn beeinflussen kann, ist ein bekanntes Kultur- und Naturphänomen, so daß es keines Ausweises dieser Stimulation der physischen Ausstattung des Menschen durch die entstehende Geistestätigkeit bedarf. Das tägliche Training bis in die nächtlichen Beratungen und die anfänglichen Übungen im Tauschen und Täuschen, im Lügen und Dichten erweiterten die Gehirnkapazitäten in einem so unerhörten Ausmaß, daß die Menschen nach einiger Zeit an die Gründung von Städten und Universitäten mit Instituten für Philosophie und Verhaltensforschung denken konnten. Damit aber ist das Ziel und Ende der Savannengeschichte erreicht. Mit den ersten Erkenntnisbehauptungen, mit deren Bestreiten und Korrigieren setzt ein bis heute dauernder Prozeß der Welt- und Selbstbestimmung ein. Es gibt kein Objekt unabhängig von der Erkenntnistätigkeit des Menschen; kein Ding, kein Tier, keine Synapse, kein Neuron und kein Gehirn kann uns unmittelbar zuflüstern, was es ist und wie es funktioniert. Das Universum, das Planetensystem, die menschliche Gattung und die Genese ihres Erkenntnisvermögens gibt es nicht einfach so, sondern nur als Bestimmungen unserer Tätigkeit des Erkennens mit Hilfe des Denkens und seiner Hilfsmittel, der leiblichen Organe und der Maschinen und Computer, die wir zu diesem Zweck erdacht haben. Neurone realisieren unsere psychischen Erlebnisse – aber was Neurone und Erlebnisse und Denkakte sind, bestimmen wir, nicht das Hilfsmittel und Organ des Gehirns.

Die übrigen Primaten blieben im Urwald, sie entwickelten nicht einmal die Fähigkeit, über die Menschen zu staunen.

Der Geist ist kein Funke, der dem einzelnen Gehirn oder dem Wechselgesang von Waldbewohnern entspringt, sondern wird in der Kooperation von Seele und Körper, Sehsinn und Hörsinn, Individuum und Gruppe in einem durch sie gestifteten öffentlichen Raum verwirklicht, an einem Pfingstsonntag in der Savanne. Unsere Rekonstruktion läßt offen, ob sich der Geist hier selbst *erschuf* oder ob er sich und die Logik auf empirischem Weg *entdeckte*. Nach allen heutigen Erkenntnissen wird man dem ersteren zuneigen, ohne jedoch das Zweite verneinen zu können.

Ergänzende Überlegungen

Wir zitierten oben Tomasellos Vorstellung von der »Grammatikalisierung oder syntaktische[n] Schematisierung« von Wortverbänden, die beinhaltet, »daß freistehende Wörter sich zu grammatischen Markern entwickeln und ungebundene und redundant organisierte Redestrukturen zu festen und weniger redundant organisierten syntaktischen Konstruktionen erstarren«.[34] Aber worin ist gewährleistet, so könnte gefragt werden, daß diese Wortverbände austauschbar sind und Menschen in verschiedenen Sprachen dasselbe mitteilen können? Die Gemeinsamkeit wird hier durch den Gebrauch von Wörtern wie »Grammatikalisierung« suggeriert, aber die Grammatik müßte erst erzeugt werden – jede Barbarengruppe würde dabei nach eigenem Gustus verfahren, und die Sprachen wären dadaistisch verwirrt und inkommensurabel, lange bevor jemand an den Turmbau von Babel dachte.

Zur Literatur sei noch Folgendes angemerkt: Die Verneinung wird in den einschlägigen Untersuchungen durchgängig ausgeblendet, und entsprechend werden die Sprechakte und der »Sprachinstinkt« ausschließlich in ihrer affirmierenden Funktion erfaßt. Steven Pinker hat die Negation in seiner monumentalen Studie zum Sprachinstinkt nicht in den Sachindex und nicht in die Erläuterungen einzelner Termini aufgenommen.[35] In der Neuformulierung der stoischen Logik durch Martha C. Nussbaum[36] sind eigentliche Urteilshandlungen nur die affirmativen, die den *assensus* aussprechen, während die negativen eine marginale Funktion erhalten und keine notwendigen Komplementärstücke des Abweises bilden. Es fehlt jedoch nicht an Untersuchungen, die darauf hinweisen, daß der Mensch das Monopol der Negation besitzt, ich nenne nur

Helmuth Plessner: »Dem intelligentesten Lebewesen in der Tierreihe, dem menschenähnlichsten, fehlt der Sinn fürs Negative.«[37]

Denken in der Mathematik

Eine zweite Denkoperation neben der Urteilsbildung ist die des Rechnens.[38] Schon Platon berichtet, daß man sich über Agamemnon lustig machte, der nicht einmal wußte, wie viele Füße er habe, da er nicht zählen konnte. »Wollen wir also nicht festsetzen, daß für einen Kriegsmann Zählen und Rechnenkönnen eine notwendige Kenntnis sei? – Dies wohl vorzüglich, antwortete er, wenn er nur etwas von den Aufstellungen verstehen, ja wenn er nur ein Mensch sein soll.«[39] Mit der Operation des Rechnens, die hier als Grundausstattung der Menschen im Gegensatz zu den Tieren angeführt wird, sind wenigstens die beiden komplementären Rechenarten des Addierens und des Subtrahierens gemeint; der General, dem die Flucht von fünf Soldaten gemeldet wird, muß berechnen können, wie viele ihm nun verbleiben, dasselbe bei steigenden Zahlen. Auch dies ist so paradox wie das Urteil »S ist/ist nicht P«, denn Agamemnon, der Hirte der Völker und Anführer der Griechen gegen Troja, soll mental über fünf Soldaten verfügen, die sich seinem Heer gerade entzogen haben; er muß sie in die Rechenoperation einbeziehen, obwohl sie nicht mehr da sind und er nicht auf sie zählen kann. Wie kann man mit dem, was nicht ist, noch rechnen? Daß hier für den Mann aus Mykene Schwierigkeiten entstanden, zeugt für seinen Scharfsinn. Tiere versagen hier völlig.

Zwei oder drei Einheiten erfassen wir, ohne zu zählen; bei drei bis vier oder fünf Einheiten beginnt das explizite Zählen.

Wir können das eigentliche Rechnen ähnlich wie das Denken dort beginnen lassen, wo für die Durchführung der Operation der Addition und der komplementären Subtraktion Zeichen gebraucht werden, die durch ihre Funktion im Rechenakt zu Zahlensymbolen werden. Wenn Tiere nicht über die einfachste Subtraktion mit den zugehörigen Zahlensymbolen verfügen, dann sind sie zum Rechnen nicht fähig. Wenn von Tieren wie dem klugen Hans und anderen Wunderpferden oder -affen behauptet wird, sie hätten einen Zugang zur Mathematik, dann stelle man ihnen einige Subtraktionsaufgaben. *Basic Math in Monkeys and College Students* – aber in dem so betitelten Forschungsbericht ist nur von Additionsaufgaben die Rede, »add numerical values«, »non verbal addition« –, darauf reduziert sich die Arithmetik und Mathematik der Monkeys und der ihnen unterlegenen Exzellenz-Studenten.[40]

Wie ist es möglich, daß Bienen ihre Waben im Sechseck bauen? Man wird der einzelnen Biene sowenig Geometriekenntnisse zubilligen wie den sechseckigen Schneekristallen, die streng auf dieselbe Form achten. Die Gestaltwahrnehmung wird höheren Säugetieren zugestanden, den niederen Tieren nicht. Über unvorstellbare Rechenkapazitäten verfügt das Gehirn von niederen und höheren Tieren – Fischen, Insekten, Vögeln und Primaten – bei den Strategien der Optimierung des Verhältnisses von Nahrungsbeschaffung, Energieaufwand, Sicherheit von Wegen und Nistplätzen, um nur einige der Faktoren zu nennen, die für das Überleben relevant sind und ohne eine mathematische Zentrale nicht bewältigt werden können.[41] Aber auf diese Mathematik der Biologie haben Tiere und Menschen keinen Zugriff, der ihnen eine explizite Vorführung erlauben würde. Wie berechnen Bäume die Statik ihrer Äste? Daß sie es tun, ist gewiß.[42]

Wir brauchen uns über die strukturelle Identität und Nichtidentität von Urteilen und Rechnen hier nicht den Kopf zu zerbrechen. Ob es eine oder zwei Operationen sind – sie sind auf jeden Fall fundamental für den Menschen und lassen sich gut verwenden, um die Zäsur zwischen Menschen- und Tiergeschichte zu markieren. Ohne sie ist die menschliche Kultur nicht möglich, keine Sprache, kein Recht und kein Ritual der Geburt, der Hochzeit und des Todes, keine Strategie, keine Kunstmusik, keine Architektur, keine Urbanistik, kein Wagen, kein Schiff, keine Brücke und kein Flugzeug und kein Buch über das Denken der Tiere. Die Grundakte von allem liegen im Urteil »S ist/ist nicht P« und im Rechnen »x plus/minus y«. Bei beidem handelt es sich um Operationen mit diskreten Einheiten; im Begriff eines Prozesses des Denkens oder Rechnens sind beide folglich unter-, also falsch bestimmt.

3 Können Tiere denken?

Jedes Tier soll wie jeder Mensch ein physisches, raum-zeitliches, zur Selbstbewegung fähiges Einzelwesen sein mit bestimmten Könnensanlagen, speziell der Selbsterhaltung und Reproduktion.[1] Die einzelnen Tiere und Menschen sind einerseits phylogenetisch, also aus der Stammesvergangenheit, konditioniert und hängen andererseits von ihrer gegenwärtigen wechselnden Umgebung ab. Sie können relativ, aber nicht gänzlich solitär leben; engere Tiergesellschaften sind wie die Organismen und die Menschengesellschaft arbeitsteilig strukturiert. Tiere (und Menschen) sind Teilhaber an einem Nahrungssystem, einem Reproduktionssystem der Gattung, einem Habitatsystem und viertens insgesamt an einem höchst raffinierten Zeichensystem. Denn jedes der genannten zweckmäßigen Systeme vermittelt sich dem einzelnen Lebewesen durch Zeichen, d. h. wiederum Zeichensysteme, so daß jedes Tier in einer Informations- und Medienwelt lebt; das Tier bzw. die Tiergattung oder -art gehen beim Ausfall der medialen Verständigung ebenso zugrunde wie beim physischen Ausfall eines der drei anderen Systeme. Das vitale Zeichensystem wird beim Menschen durch künstliche Symbolsysteme ergänzt und teilweise ersetzt.

Jedes Einzeltier ist ausgestattet mit arbeitsteiligen Organen bestimmter Wahrnehmungsarten; sie können wie bei uns optisch, haptisch, akustisch, olfaktorisch geregelt sein, sie können auch weitere oder gänzlich andere Rezeptoren enthalten – Fledermäuse und viele Fischarten orientieren sich durch Echolot, Zugvögel haben einen Magnetsinn (bei der Gartengrasmücke steckt der Magnetsensor im Auge)[2] oder einen Sternenkompaß, es gibt einen Zeitsinn in Form von inneren Uhren.

Bei der Vermessung dessen, was Tiere können und nicht können, gehen wir im Folgenden von den Sinnesempfindungen oder Wahrnehmungen und der Zusammenführung der getrennten Signale im Gehirn aus. In ihm werden die verschiedenen Informationen sortiert und gebündelt, so daß das Lebewesen als Ganzes zu bestimmten Reaktionen geführt wird und bestimmte Leistungen vollziehen kann, z. B. die Konzentration des Tigers auf den Sprung durch den Feuerreif im Zirkus. Im zweiten, größeren Bereich verlassen wir die physiologisch-psychologischen Leistungen des Einzeltieres und gehen über zur Zeichen- und Medienwelt, in der alle selbstbeweglichen und auf ihre Weise selbstbewußten Lebewesen unvermeidlich leben.

Wird die These verfochten, Tiere könnten denken, ist der Ausgangspunkt ebenso wie bei den Verfechtern der Gegenthese ein bestimmtes Verhalten der Tiere, das nach den einen nur durch eine Denkleistung zustande kommt, nach den Gegnern jedoch auch auf andere Weise erklärbar ist bzw. sein muß. Der These ist zuzubilligen, daß sie einen weiten Bereich tierischen Verhaltens vorzüglich erfaßbar macht und daher im Alltag mit Erfolg praktiziert wird; sie ist bequem und einfach, weil sie den Tieren mentale Fähigkeiten zuschreibt, mit denen wir vertraut sind. Tiere werden auf diese Weise gewissermaßen noch einmal ideell domestiziert, indem sie deskriptiv in die Menschen-Kunstwelt integriert werden. Daß es dann beharrliche Inkongruenzen gibt und viele Verhaltensweisen nicht in diese Anthropologisierung passen, kann in einem bestimmten Bereich des Zusammenlebens ausgeblendet werden – den Tieren werden Begriffe, Überzeugungen, Absichten und die Kenntnis der Absichten anderer unterstellt, was pragmatisch überzeugend ist und sich folglich nie wegdemonstrieren lassen wird.

Gleiche Wirkungen können jedoch durch unterschiedliche Ursachen zustande kommen, man denke nur an die vielen Mittel der Fortbewegung bei Tieren und Menschen oder der optischen Wahrnehmung. Jedem ist unbenommen, ein Wort oder einen Begriff wie »Denken« nach eigenen Gesichtspunkten zu bestimmen und auch die psychischen Prozesse bei Tieren darunter zu fassen; wir erinnern jedoch an die Notwendigkeit, im Sinne einer gewissen Stabilität der Verwendung von Wörtern das urteilsgebundene Denken der Menschen mit unter die unverzichtbaren Merkmale zu fassen; andernfalls sollte man ein anderes Wort wählen und z. B. von kognitiven Leistungen sprechen als dem Oberbegriff von Denken, das auch das Urteilen unter sich faßt, und von einem urteilsfreien Vorstellen, Wissen oder Können.

Es soll die Position verteidigt werden, daß Tiere vermutlich nicht denken können, hier also eine Kluft zwischen Mensch und Tier besteht. Die empirische Forschung entdeckt in immer höherem Maße einerseits die immensen kognitiven Fähigkeiten von Insekten, Delphinen, Vögeln oder Primaten, andererseits die große Nähe der physischen Ausstattung anderer Primaten, besonders der Schimpansen, mit dem Menschen. Hier muß es zu Engführungen in vielen psychischen Bereichen kommen, sowohl im Kognitiven wie auch im Emotionalen; wir sind eben aus fast demselben Holz geschnitzt, so daß eine rigorose Zäsur nicht haltbar ist. Auf der anderen Seite gibt es einen Abgrund zwischen Tieren und Menschen; die Tiere stagnieren in ihren Entwicklungen, während die Menschen auf der Grundlage von Sprache und Mathematik eine unvorstellbare wechselhafte kulturelle und lineare technische Entfaltung vollzogen haben. Dort legt sich ein gradueller geringer Unterschied nahe, hier eine absolute Zäsur.

Tiere können denken, wenn sie über die kognitive Möglichkeit des beliebigen, auch interessefreien Referierens auf etwas Objektives, der Bejahung und Verneinung im Spiel von Frage und Antwort und der Kenntnis des Wahr- oder Falschseins ihrer mentalen Erzeugnisse verfügen. Wir realisieren diese Möglichkeit durch das Denken in diskreten Einheiten, die ihren symbolischen Ausdruck in der Urteilssprache findet. Also: Verfügen Tiere über diese mentale Leistung oder doch nur über analoge Kognitionsformen?

Wir weisen noch einmal auf die Gefahr einer Äquivokation des Vokabulars hin. Wir können kognitive Sachverhalte entweder aus der Perspektive des Wissens des betreffenden Subjekts *(de dicto)* oder aber aus unserer eigenen überlegenen Perspektive *(de re)*[3] korrekt beschreiben. Iphigenie spricht mit Orest, ihrem Bruder – aber sie selbst weiß noch nicht, wer der fremde Grieche ist, also spricht sie nicht mit Orest. Ödipus erschlägt seinen Vater – aber er weiß nicht, wen er tötet; also erschlägt er nicht seinen Vater. Der Häher warnt die anderen Tiere vor den Menschen, die auf den Wald zukommen – aber der Häher weiß nichts von den anderen Tieren und den Menschen als solchen, d. h. als den Wesen, die wir mit diesen Namen meinen, und er verfolgt bei seinem Schrei vielleicht keine Absicht des Warnens. Beide Beschreibungen sind korrekt, solange wir die kognitive Differenz nicht selbst thematisieren. Ist dies jedoch der Fall, kann die Beschreibung aus der überlegenen Perspektive falsch werden; es ist dann falsch zu sagen, der Häher wolle die Waldbewohner warnen und die Schimpansin erkenne ihr Spiegelbild.

Rational Animals? lautet der Titel einer neueren Aufsatzsammlung.[4] Wenn der Mensch als das einzige uns bekannte *animal rationale* bestimmt wurde, dann war der Begriff der *ratio* an die Ausübung eigenständiger Vernunfthandlungen gebunden; der heute vielfach gebrauchte Begriff der Rationalität kennt jedoch diese Restriktion nicht und bedeutet eher »Zweckmäßigkeit«; man kann von einer rationalen Stadtanlage und vom rationalen Verhalten der Regenwürmer sprechen. Damit hat der Begriff für uns eine zu geringe Trennschärfe und wird gemieden. Die Beiträge in dem genannten Sammelband bestimmen den Begriff »rational« nach den jeweils eigenen Gesichtspunkten der Verfasser, er wird nicht verbindlich für den Band insgesamt festgelegt.

Wahrnehmung und Begriffe

Es gibt bei Tieren und Menschen sensorische Informationsflüsse wie die Schallwellen oder Lichtwellen, die von den zuständigen Organen empfangen und dann modifiziert durch die Nervenbahnen zum Gehirn geleitet werden. Es herrscht Konsens darüber, daß höhere Tiere die Möglichkeit des Vorstellens räumlicher Gegebenheiten unabhängig von deren momentaner Präsenz haben.[5] Im Wahrnehmungssystem treten Unterscheidungsleistungen auf, und zwar sowohl bei statischen Objekten wie auch bei sich ändernden oder bewegten. Die Unterscheidungen sind zum Teil physiologischer Natur, zum Teil bedarf es psychischer Aktivitäten, um aus der sensorischen Empfindung eine klare und distinkte Wahrnehmung zu machen. Kommt es hier schon zu Urteilen der Form »S ist/ist nicht P«? Dann hätten wir bereits in der Wahrnehmung das Vermögen, zu denken; wenn dies wiederum auszuschließen ist, muß es physiologische und psychische Unterscheidungen geben, die nicht die Form eines bejahenden oder verneinenden Urteils haben. Häufig wird behauptet, Tiere müßten über Begriffe verfügen, weil andernfalls ihre Unterscheidungsleistungen nicht erklärbar seien. Dieser Frage wenden wir uns im zweiten Teil zu.

(1) Die äußeren Empfindungs- oder Wahrnehmungsorgane der Säugetiere und Menschen werden seit der griechischen Sophistik in die des Sehens, des Hörens, des Riechens, Tastens und Schmeckens eingeteilt; daneben gibt es einen inneren Sinn. Wir können im Hinblick auf die Unterscheidungs- und eventuelle Urteilsleistung zwei Möglichkeiten nennen. Erstens kann es zur Rezeption von sensorischen Reizen kommen, bei denen das affizierte Lebewesen keine eigene Unterscheidungsleistung vollzieht; Unterscheidungen können hier in die wechselnden sensorischen Reize integriert sein. Zweitens gelangen wir zu einer Unterscheidung auf der Grundlage von Vergleichsakten, die die Bildung von bejahenden und verneinenden Urteilen implizieren. Der erste Fall wird meist so dargestellt, als vollzögen Pflanzen, Tiere und Menschen auf den sensorischen Gebieten aufgrund von Vergleichsakten selbst eine Unterscheidung.

Zur ersten Form einige willkürlich herausgegriffene Beispiele, etwa »[...] daß der augenlose Erdwurm zwischen verschiedenen Farben unterscheiden kann – mit anderen Worten, daß er verschieden empfindlich ist bezüglich Lichtwellen mit unterschiedlichen Schwingungsperioden – und das Rot dem Blauen oder Grünen und auch das Grüne dem Blauen vorzieht«.[6] Daß der augenlose Erdwurm unterschiedliche Lichtwellen zu rezipieren vermag und auf sie unterschiedlich reagiert, lassen wir ein Forschungsergebnis sein, daß er jedoch verschiedene Farben unterscheidet, sie gar miteinander vergleicht und dann die eine der anderen vorzieht, das wird nicht geglaubt.

Zur akustischen Lokalisierung bei Fledermäusen: »Wie Geräusche wahrgenommen werden, hängt teilweise von der Struktur der Ohren ab. Größe und Gestalt des Kopfes sind ebenfalls maßgeblich, sowie die Position der Ohren am Kopf. [...] Ein binauraler Intensitätsvergleich ist unwirksam oder unzuverlässig, wenn die Wellenlänge des Geräusches erheblich größer ist als der Durchschnitt des Kopfes.«[7] Fledermäuse rezipieren Geräusche mit dem rechten und linken Ohr: »Aus der kleinen Zeitdifferenz [...] errechnet das Nervensystem die Lage der Schallquelle.«[8] Bei den hier angesprochenen Vergleichen thematisiert die Fledermaus nicht die unterschiedlichen Frequenzen und vergleicht sie in einem bejahenden oder verneinenden Urteilsakt miteinander, sondern folgt reflexionslos bestimmten Reizen, zumal der dringende Verdacht besteht, daß Fledermäuse keinen Vorstellungsraum haben, in dem Vergleiche stattfinden könnten.[9]

»Beleuchtet man einen Fisch von der Seite, schwimmt er plötzlich schräg im Wasser. Er verrechnet die Informationen aus Lichtrichtung und Schwerkraft und bildet einen Kompromiß. [...] Auch Insekten, deren Schweresinn ja auf ganz anderen Meßgeräten beruht, verlassen sich bei der Orientierung im Raum nicht ausschließlich auf die Schwerkraft.«[10] Die Silberameisen sind mit Vektornavigation unterwegs, sie messen und addieren auf ihrem Hinweg sämtliche Wegstrecken und Richtungen und können entsprechend zielsicher den Weg nach Hause finden.[11] Wer ist das Subjekt dieser mathematischen Operationen? Sicher nicht die einzelne Ameise oder Fledermaus, sondern es sind biochemische symbiotische Prozesse, zu denen die Tiere nicht Stellung nehmen und die sicher keine Begriffsbildung erfordern. Bienen können wie Zugvögel aus dem jeweiligen Sonnenstand die Richtung ihres Fluges ermitteln. »Weil die Sonne ihre Position aber ständig ändert, funktioniert ein Sonnenkompaß natürlich nur, wenn auch eine innere Uhr mitläuft, eine Art Zeitsinn also.« Sie nehmen sogar die Schwingungsrichtung des polarisierten Lichtes wahr, so daß sie über den Stand der Sonne informiert sind, auch ohne sie bei schlechtem Wetter sehen zu können.[12] Weder Bienen noch Zugvögel müssen vergleichend urteilen.

Es ist ein vieldiskutiertes Problem der menschlichen optischen Wahrnehmung, wie aus den sensorischen Eingaben von Licht und Farbe unser räumliches Sehfeld generiert wird. Bedarf es der mentalen Mitwirkung, um aus Indizien der Sehempfindung zum faktischen Wahrnehmungsraum mit seinen Entfernungen, Größen, Bewegungen und zahlreichen Relationen zu gelangen? Robert Schwartz: »[...] irgend etwas muß im Sehfeld *gegeben* sein, das die Welt unseren Sinnen aufdrängt. Das Gegebene konstituiert die Daten oder den Anfangspunkt, und alles Weitere erfordert, daß wir über das Gegebene hinausgehen. [...] [E]s ist der Unterschied zwischen dem Beitrag, den die *Natur* zu unserem visuell erworbenen Wissen macht, und dem, den *wir* selbst erbringen.«[13] Es werden zwei Vorschläge diskutiert. Der erste operiert mit der assoziativen Verknüpfung von haptischer Erfahrung und optischer Sehfläche derart, daß die beiden Sinnes-»Sprachen« durch Gewohnheit miteinander verbunden werden; der zweite Vorschlag setzt darauf, daß das empfindende Subjekt die optischen Stimuli mit Hilfe der Geometrie für den Erfahrungsraum erschließt. Nun müssen Tiere ihre Beute und deren Bewegung genau im Raum lokalisieren und ihre Entfernung und Größe erkennen können. Alles, was George Berkeley, von Helmholtz und Schwartz über die optische Wahrnehmung der Menschen schreiben, muß auch auf höhere Säugetiere zutreffen. Damit wird die von Schwartz provisorisch gemachte Differenz von »Natur« und »wir« problematisch; aus anderen Gründen schreibt auch Schwartz schon:

»Vom Standpunkt einer empirischen Sehtheorie scheint es keine feste Basis zu geben, von der aus sich irgendein Aspekt oder eine Station in der Kette der Ereignisse, die in der Empfindung *[perception]* kulminiert, als *gegeben* isolieren ließe.«[14] Nun gibt es hierin keinen Forschungskonsens,[15] es wird jedoch auch bei mentalistischen Lösungen des Wahrnehmungsproblems von einem bejahenden oder verneinenden Urteil kein Gebrauch gemacht. Vielleicht kann man sich auf die neueste Ansicht verlassen: »We thus see distance as directly as we see color.«[16]

In lockerer Rede wird Pflanzen das explizite Unterscheiden zugebilligt: »Pflanzen können genau unterscheiden, ob eine Raupe an ihren Blättern knabbert oder beispielsweise ein Hagelkorn eingeschlagen ist – und zwar an der Art und Weise, wie ihre Blätter verletzt werden. Nur wenn wirklich ein Schädling am Werk ist, starten die Pflanzen ihr aufwendiges Abwehrprogramm, sonst nicht.«[17] Natürlich unterscheidet die Pflanze nicht die Raupe vom Hagel, denn sie vergleicht nicht beide miteinander im Hinblick auf Identität und Verschiedenheit, sondern reagiert auf einen bestimmten Reiz. Wir lassen den Bericht gelten, weil er in der gewählten Form plastischer ist als bei einer korrekten Redeweise. Es gibt jedoch keine eigene Urteilsleistung der Pflanze, wie man nach dem Wortlaut fälschlich meinen könnte. Denn der Bericht dementiert gerade die Aussage, daß das Abwehrprogramm nur dann in Gang komme, wenn wirklich ein Schädling am Werk sei; im Max-Planck-Institut für chemische Ökologie in Jena wurde eine Apparatur entwickelt, die kunstvoll »knabbert« und so die Ursache isoliert zur Wirkung bringt, die sonst von den Raupen ausgeht. Könnte die Pflanze etwas erkennen, z. B. Raupen, dann könnte man gehaltvoll davon sprechen, sie werde in Jena getäuscht.

»Der Hund unterscheidet den Braten vom Brot, weil er anders vom Braten als vom Brot affiziert wird und die unterschiedlichen Reize zu unterschiedlichen Reaktionen führen; das bedeutet aber keineswegs, daß der Hund beides, Braten und Brot, miteinander vergleicht und dann zu einer Unterscheidung gelangt.«[18] Hier sollen Braten und Brot als verschiedene Gegenstände vorhanden sein, und der Hund wird vom Braten so stark affiziert, daß er diesem Duft folgt, mit dem das nahrhafte Fressen phylogenetisch oder ontogenetisch assoziiert ist. Für den menschlichen Betrachter ergibt sich nach Kant eine Unterscheidung zwischen den beiden Gegenständen, während der Hund die Leistung nicht vollzieht, sondern distinktionslos vom dominierenden Geruch des einen angezogen wird. Wir fügen hinzu: Braten und Brot »gibt es« nicht in gleicher Weise für Mensch und Hund; für beide sind es Eigenschaftssyndrome in seiner eigentümlichen Umwelt, für uns jedoch treten jeweils andere Eigenschaften als für den Hund zusammen. Könnten uns die Hunde erzählen, was sie unter »Brot« und »Braten« verstehen, wären wir höchst erstaunt und würden sie bitten, ihr jeweiliges Sinneskonglomerat nicht Brot und nicht Braten zu nennen.

Die äußeren Organe unterscheiden sich hierin nicht von den inneren Organen, bei deren Trennung des Zuträglichen vom Unzuträglichen in Magen und Niere usw. kein vorhergehender Vergleich vorliegen kann, sondern die Selektion durch biochemische Prozesse reguliert wird. Bienen werden zu einem bestimmten Verhalten durch ein chemisches Signal, etwa Äthyl-Oleat, stimuliert, ohne daß sie dieses Signal mit anderen Signalen vergleichen, dann ihre Unterschiedenheit feststellen und sich vielleicht noch für das eine statt das andere entscheiden.[19] Der Hund unterscheidet sich von der Biene dadurch, daß der anziehende Komplex »Braten« aus wesentlich mehr sensorischen Merkmalen als dem einen Äthyl-Oleat zusammengesetzt wird.

John R. Searle plädiert dafür, daß Tiere wahre von falschen Überzeugungen unterscheiden können. »Und weshalb sollte das irgend jemanden überraschen? Schließlich unterscheiden gewisse Tiere beim Sehen zwischen roten und grünen Objekten [...].«[20] Unterscheiden sie wirklich, oder reagieren sie nur unterschiedlich auf die verschiedenen Reize? Nach dem Ökonomie-Prinzip wird man zunächst versuchen müssen, die letztere, von Searle nicht in Betracht gezogene Variante zu verfolgen. Damit eröffnet sich die Möglichkeit, daß die Folgerungen aus der Prämisse, die Searle für unbezweifelbar hält, nicht gezogen werden dürfen. Dies gilt nicht nur für Farben, sondern auch für Gestalten bildhafter und akustischer Art.

Hans-Johann Glock kommt in seinem Beitrag »Begriffliche Probleme und das Problem des Begrifflichen« zu dem Zwischenergebnis, es hänge von der Verhaltensforschung ab, »welche Begriffe wir Tieren zuschreiben können, ohne dem Anthropomorphismus zu verfallen. Man schreibt Tieren Begriffe zu, indem man die Parameter aufdeckt, die ihr diskriminatives Verhalten bestimmen. [...] Sowohl im Labor als auch in freier Wildbahn unterscheiden Tiere nämlich eine Vielzahl von Farben, Geschmacksrichtungen, Tönen, Formen, Materialien, Mengen, Lebewesen usw. Außerdem sind viele dieser Unterscheidungen nicht angeboren, sondern erlernt. [...] Unterscheidung ist das Vorrecht von Lebewesen mit Empfindungsvermögen, d. h. von Tieren. [...] Die differentielle Reaktion auf kausale Einflüsse ist ein allgemeiner Zug physischer Phänomene und darf nicht mit einer Unterscheidung verwechselt werden, weil Letztere sinnliche Wahrnehmung voraussetzt«.[21] Unterscheidet der Allergiker zwischen den verschiedenen Stoffen, oder wirkt der Schadstoff als solcher auf ihn ein, so wie die Wellenlänge der grünen Farbe zunächst das Auge für sich affiziert und nicht eine andere? »Ein Schmetterling, der nicht zwischen Rot und Grün unterscheidet, ist ungewöhnlich und reduziert dadurch seine biologischen Überlebenschancen [...].«[22] Warum soll nicht das singuläre Farbsignal auf den Schmetterling wirken? Unterscheidet er, um zu überleben, die Bäume von den Häusern, die Blüten von den Ästen, den Himmel von der Erde? Wenn die Natur ökonomisch verfährt, erspart sie dem Schmetterling diese persönlichen Unterscheidungsleistungen und führt ihn auf eine alternativlose Farbpiste, auf der er der Blüte zutaumelt wie die Insekten der Flamme, die sie nicht nährt, sondern unterschiedslos umbringt.

»Der Vogel erblickt den Schmetterling, unterscheidet ihn von anderen Objekten, und [...]«[23] – wir halten hier gleich ein: Warum soll das Erblicken einer bestimmten Gestalt, Farbe und vielleicht Bewegungsform nicht ausreichen für die nachfolgende Reaktion, die Fred Dretske beschreibt? Etwas wird für sich klar wahrgenommen und dann noch zu allem Überfluß »von anderen Objekten« unterschieden – aber von welchen Objekten genau? Und wozu? Für die Reaktion des Vogels genügt es, daß der Schmetterling das abschreckende Muster eines für den Vogel giftigen Tieres zeigt, und dazu bedarf es keiner weiteren Unterscheidungen im Warenkorb der sichtbaren Natur, sondern der eigentümlichen Gestaltwahrnehmung. Die Selektion dieses Musters als abschreckend im Gegensatz zu anderen hat nach Darwin die Naturgeschichte vorgenommen, so daß eine eigene Unterscheidungsleistung des individuellen Vogels ein Argument gegen Darwin wäre. Die weiteren Ausführungen von Dretske entsprechen völlig der Assoziationspsychologie, wenn man nur die Dretskesche Repräsentation durch die assoziierte Vorstellung ersetzt: Der Vogel erblickt ein bestimmtes Muster, mit dem eine abschreckende Vorstellung assoziiert ist, so daß der Vogel den Schmetterling nicht frißt.

Die Rede von Informationskanälen kommt der Vorstellung entgegen, daß es beim Empfinden und Wahrnehmen keiner »Dies ja – das nicht«-Unterscheidung bedürfe. Sterelny entwikkelt den Unterschied zwischen Reiz und Repräsentation: »Das Hygieneverhalten von Ameisen und Bienen – sie entsorgen tote Nestgefährtinnen – hängt von einem einzigen derartigen Reiz ab, nämlich von der durch Zerfall erzeugten Ölsäure. Sie verfügen über kein Äquivalent für jene Mechanismen der Wahrnehmungskonstanz, die sie dazu befähigen würden, anhand verschiedener Kanäle zu verfolgen, ob ihre Nestgefährtinnen noch leben.«[24] Das Wahrnehmungssyndrom von Säugetieren bündelt dagegen viele singuläre Sinnesinformationen zu einer praktikableren gestalthaften Einheit.

Ein anderer Aspekt wird dann angesprochen, wenn der Wahrnehmungsinhalt nicht isoliert für sich apperzipiert werden kann, sondern nur als Kontrastphänomen; so sei die Empfindung des Süßen an ein Umgebungsfeld der Indifferenz und den Kontrast des Sauren gebunden, die Farbempfindung des Roten an eine mehr oder weniger farbige Umgebung, gegen die sich das Rot abhebt. Und es gibt zweifellos zahllose Wahrnehmungen und Empfindungen, die über die einfachen bisher angeführten Beispiele hinausgehen. Tiere und Menschen können mit einer ungefähr gleichen Sinnesausstattung wahrnehmen, daß sich etwas bewegt. Dazu bedarf es der Unterscheidung von etwas Beharrlichem und dem bewegten Ding; das Beharrliche kann die relativ feste Umgebung etwa der Bäume sein oder auch z. B. der eigene Körper, auf dem die Bewegung eines Wassertropfens empfunden wird. Hier hilft die statische

Situation nicht mehr weiter, und wir müssen mit der Wahrnehmung eines sich intensiv oder extensiv ändernden oder im Raum bewegten Körpers rechnen. Wie können wir diese komplexeren Leistungen dechiffrieren, ohne in das Gebiet des Urteils überzugehen?

Eine Differenz läßt sich problemlos ausmachen: Die Unterscheidungen, die für die Wahrnehmung von Kontrastphänomenen und von Änderung und Bewegung zu treffen sind, bleiben alternativlos. Mensch und Tier distanzieren sich in der Wahrnehmung von Prozessen von dem Geschehen nicht in der Weise, wie es der Urteilende gegenüber dem Beurteilten macht und ebendazu künstliche Symbole und Denkleistungen benötigt. Das Wahrgenommene ist ein sich änderndes oder bewegendes und damit sich in sich unterscheidendes Etwas, das der Wahrnehmende als solches ohne besondere Bedingungen apperzipiert. Wir können uns abwenden, weil die Geräusche zu laut werden oder weil uns die Bewegung bestimmter Dinge irritiert, aber auch hier kann es sich noch um ein animalisches Geschehen von Attraktion und Repulsion handeln. Empfindung oder Wahrnehmung ist hier also an Differenzierungen gebunden; diese gehören aber einem Naturgeschehen an, das keiner Intervention durch das affizierte Tier oder den Menschen bedarf. Tiere vermögen Nuancen wahrzunehmen, die sich unserem Wahrnehmungsvermögen entziehen; sie können etwa dazu dressiert werden, außerordentlich geringe Mengen von Kokain aufzuspüren, und auch der Mensch kann sein Wahrnehmungsvermögen durch gezielte Übung der Aufmerksamkeit verbessern. Die Differenzierungsleistungen vollziehen sich durch die trainierten Organe, die Nerven und das Gehirn; diese Leistungen sind jedoch weder bei Tieren noch bei Menschen an Urteile gebunden, deren alternatives Ja oder Nein sich von der Reaktion einer spezialisierten Sensibilität unterscheidet. Jemand erkennt den Kammerton a jetzt zu Beginn des Konzertes; er vernimmt ihn *als solchen* und kann ihn deswegen von den Geräuschen und anderen Tönen unterscheiden. Der Weinkenner schmeckt die subtilen Nuancen des Weines und berichtet *post festum* in einem bejahenden oder verneinenden Urteil über das Naturgeschehen an seinem Gaumen.

Resümierend läßt sich festhalten, daß Empfindungen und Wahrnehmungen entweder in einfachen Reizen bestehen oder auch Unterscheidungsleistungen involvieren, welche jedoch nicht auf Vergleichen und bejahenden oder verneinenden Urteilsakten beruhen.

(2) Verfügen Tiere über Begriffe?

Es wird häufig behauptet, die Wahrnehmungsleistung von Tieren aufgrund eines Unterscheidungsvermögens zwinge zu der Annahme, daß Tiere über Begriffe, »concepts«, verfügen. Nicht nur Primaten, sondern auch Bienen sind nach letzten Forschungsergebnissen (wieder) zur Begriffsbildung fähig. The National Academy of Sciences of the USA publizierte im Jahr 2005 einen Artikel über »Visual working memory in decision making by honey bees«. Es wird über die Ergebnisse von Experimenten berichtet, in denen Honigbienen dressiert wurden, sich auf bestimmte Flugziele zu richten; diese hätten das erlernte Verhalten in bestimmten Zeitabständen und in unterschiedlichen Situationen reproduzieren können. Die Meßergebnisse kann man als Außenstehender nicht gut bezweifeln; ob jedoch die Beurteilung der von den Bienen erbrachten mentalen Leistungen korrekt ist, darüber kann sich auch der Bienenlaie ein Urteil bilden. Bienen könnten, heißt es, allgemeine Strukturen eines Reizes abstrahieren (»Bees can abstract general features of a stimulus«) wie Orientierung und Symmetrie und sie anwenden, um zwischen anderen, ihnen zuvor nie begegneten Reizen zu unterscheiden. Wie Affen, Tauben und andere Vertebraten könnten die Bienen einen erlernten Begriff von »Gleichheit« oder »Differenz« anwenden, um neuartige Aufgaben zu lösen (»can apply the learned concept of ›sameness‹ or ›difference‹ to dissolve a novel task«).[25] »Gleichheit« und »Unterschiedenheit« wurden im Experiment erlernt? Und wie verfahren die ungebildeten Bienen in der Natur mit gleichen und verschiedenen Phänomenen? Sollte es sich vielleicht doch um angeborene Begriffe handeln, so daß die Bienen John Locke widerlegen würden? Die Begriffe gehören hier auf jeden Fall in den Kompetenzbereich der Bienen, während Platon nach intensivem Nachdenken über sie zu dem Schluß kommt, daß es sich bei ihnen um noetische Ideen handeln müsse.[26] Für unsere Autoren stellt es kein weiteres Problem dar, daß die Tiere über sie verfügen, und ohne die Konzepte eigens zu erläutern, wird in dem Artikel von den Begriffen der Wahl (»choice«, »choose«), der Entscheidung (»decision«) und der Unterscheidung (»discrimination«) Gebrauch gemacht: »Die Bienen behandeln den Reiz in der vertrauten Entfernung als den ›wahren‹ Musterreiz und halten den anderen Reiz für irrelevant (»they treat the stimulus at the familiar distance as the ›true‹ sample stimulus and deem the other stimulus to be irrelevant«).«[27] Sollten die Bienen tatsächlich über diese Begriffe und Kategorien verfügen und das eine für relevant, das andere, etwa den aufsteigenden Mond, für irrelevant halten? Unter dem Ökonomieprinzip der Natur sehr unwahrscheinlich.

An die Tauben ist zu erinnern, weil ihnen in der Forschung das Vermögen der Verallgemeinerung und damit der Begriffsbildung zugeschrieben wird. Colin Allen: »Tauben, denen man

Fotos von menschlichen Gesichtern vermischt mit Fotos von anderen Dingen zeigt, kann man beispielsweise beibringen, nur dann auf eine Reaktionstaste zu picken, wenn ein Gesicht gezeigt wird. Die Tiere verallgemeinern ihre klassifizierenden Reaktionen mit Bezug auf neue Fotos, die Gesichter zeigen, die während des Trainings nicht sichtbar waren.«[28] Nein, die Tiere verallgemeinern sowenig wie die Küken, die auseinanderstieben, wenn über den Hühnerhof die Silhouette eines Raubvogels in Flugrichtung gezogen wird.

Tomasello zählt zu den Kognitionsleistungen von Säugetieren und besonders von Primaten, »Gegenstände anhand wahrgenommener Ähnlichkeiten zu kategorisieren [und] kleine Mengen von Gegenständen zu verstehen und zu vergleichen [und] Probleme durch Einsicht zu lösen«.[29] Was bedeuten hier jedoch genau »verstehen« und »Einsicht«? Wir stimmen zu, wenn hierunter keine Begriffe und kein Urteilsdenken, sondern ein nicht näher bestimmtes *analogon rationis* verstanden wird.

Bernhard Rensch sagt in seiner eindrucksvollen Studie *Gedächtnis, Begriffsbildung und Planhandlungen bei Tieren*: »Wenn ein Tier in Zweifachwahl darauf dressiert wird, daß es bei einem optischen Muster eine Futterbelohnung erhält, bei einem anderen aber nicht, so muß es zunächst lernen, in dem erlebten Gesamtbild der Versuchsanordnung nur die beiden Muster zu beachten. Es muß also von der Umgebung der Muster in der Dressurapparatur *abstrahieren*. Das erfolgt gewöhnlich schnell [...]«.[30] Das »erlebte Gesamtbild« kommt bei den australischen Bienen im Jahr 2005, von denen wir uns vorher berichten ließen, nicht vor; man wird argwöhnen, daß in die mentalen Leistungen, die Rensch den Tieren zubilligt, die Begrifflichkeit von Heidegger und Gadamer einfließt, die dagegen

Zhang und seinen Mitforschern weniger bekannt ist und über die entsprechend auch ihre Bienen ohne Auslandsstudium nicht verfügen. Die gezielte Aufmerksamkeit auf ein optisches Muster und das mit ihm in der Versuchsanordnung verbundene Futter zwingt zu keiner vorgängigen Abstraktionsleistung von den übrigen Beständen dieser Welt.

Hans-Johann Glock plädiert nicht nur für die Annahme, Tiere könnten bei der Wahrnehmung etwas von etwas anderem unterscheiden und dabei Begriffe bilden, sondern nimmt Begriffe auch als Regeln, die Tiere in ihrem Handeln befolgen und gegen die sie verstoßen können. Sie folgen dann nicht nur einer angeborenen Disposition wie die Schmetterlinge, sondern haben die Fähigkeit, nach einem Begriff als einer abstrakten Regel zu handeln und zu merken, daß sie ihr folgen oder sie verletzen. Das Verhalten von Menschenaffen sei »nicht durchgängig erklärbar durch Reize oder unmittelbare biologische Zwänge. Zumindest Kleinkinder und Menschenaffen sind zu absichtlichem und freiwilligem Handeln in der Lage. Sie können nämlich auf eine Handlung verzichten, entweder indem sie ihr Ziel auf andere Weise verfolgen oder indem sie auf dieses Ziel verzichten, zumindest zeitweilig«.[31] Hier wünscht man eine genaue Klärung der Begriffe »verzichten«, »absichtlich« und »freiwillig«. Nach Glock muß ein Vogel einen Begriff von Nest haben, der zu dem hypothetischen Imperativ führt: »Wenn du ein Nest bauen willst, dann suche einen geeigneten Ort aus, zu dem besonders die Katzen *nicht* gelangen können, suche Halme usw. und beginne frühzeitig. Wechsele, wenn sich der Ort der ersten Wahl nicht bewährt, zum zweitbesten über usw.« Es ist zweifellos verlockend und suggestiv, tierisches Verhalten oder Handeln in dieser Weise zu dechiffrieren, es fragt sich jedoch, ob es dazu nicht eine weniger aufwendige Alternative gibt. Ganz sicher blockiert eine derartige Konzeption die empirische Forschung, indem sie in die *qualitas obscura* einer animalischen Begriffsregel abschiebt, was nun konkret zu erforschen ist.

Ich meine, daß die Vorstellung, Tiere verfügten über Begriffe, falsch ist. Um dieser Position Gewicht zu verleihen, soll der Grundgedanke einer biologischen Arbeit referiert werden, die zu ebendiesem negativen Ergebnis kommt.

Nick Chater und Cecilia Heyes haben in der oben erwähnten Studie »Animal Concepts: Content and Discontent« die Argumente überprüft, die für die Annahme von »animal concepts« sprechen sollen. Sie kommen zu einem absolut negativen Ergebnis. Danach gehe die Erforschung der Begriffskompetenz von Tieren zurück zu den bereits Anfang des 19. Jahrhunderts verfolgten Studien des »discrimination learning« und »concept formation«. Während die Autoren das erstere durchweg als nicht kritisierbar voraussetzen, wenden sie sich ausdrücklich der »concept formation« zu. Wenn Ratten Dreiecke von Vierecken unterscheiden können und wenn sie das Dreieck auch bei Änderungen der Lage, Größe oder Farbe statt des Vierecks wählen, dann verfügen sie, so die durchgängige Meinung der empirischen Forschung, über den abstrakten Begriff des Dreiecks.[32]

Der erste Test, dem die Autoren die ›animalischen Begriffe‹ unterziehen, ist der definitorische: Menschliche Begriffe lassen sich definieren, die Übertragung auf die nichtsprachlichen Tiere jedoch müsse scheitern, da die Begriffe, die in die Definition eingehen, in gleicher Weise wie in der menschlichen Sprache in der Begrifflichkeit der Tiere nachgewiesen werden müßten, was die Tiere eindeutig überforderte. Der zweite Test bezieht sich nicht auf die Intension der Begriffe, sondern auf ihre Extension und die Instanziierung durch einzelne Beispiele, die nun ihrerseits mit einem Anreiz assoziiert sein können. Aber hier bleibt, so das Argument, die Rolle des Allgemeinbegriffs verschwommen, er lasse sich als solcher nicht empirisch nachweisen. Es lasse sich nicht zeigen, daß bestimmte Fälle für das Tier als Instanziierung eines Begriffes dienten, und die empirische Forschung habe hier auch keine Ideen darüber entwikkelt, wie denn ein solcher Nachweis bei Nichtsprachlern empirisch zu führen sei.

Der dritte wichtige Test läuft unter dem Titel des »prototype«. Es gebe einen Baum-Prototyp; die Zugehörigkeit sei hier eine Frage der graduellen Annäherung, keine Alles-oder-nichts-Eigenschaft.[33] Hier wiederum sei die Unterscheidung zwischen Prototyp und Exemplar eines Allgemeinbegriffs unklar und alle genannten Wirkungen ließen sich auch durch einfache assoziative Netzwerke erklären.[34] Außerdem seien die Prototypen spezifisch von menschlichen Begriffen unterschieden, so daß das erste der drei genannten Kriterien nicht erfüllt sei. Welches nun sind genau die Merkmale, die als ein Prototyp zusammengefaßt werden? »In der Praxis wissen wir natürlich nicht nur nicht, welches die relevanten Merkmale sein, sondern auch, welche Merkmalarten für Tauben oder andere Tiere überhaupt eine natürliche Kategorisierung ermöglichen sollen.«[35] Man nehme etwa den menschlichen Begriff des Vogels; bei ihm »denkt man, die einschlägigen Merkmale seien etwa die Fähigkeit zu fliegen, Federn zu haben, Würmer zu fressen, Nester zu bauen [...]«.[36] Gibt es dafür Äquivalente bei den Tieren? Haben sie die Möglichkeit, ihre Prototypen wie menschliche Begriffe innerlich zu strukturieren?

Damit seien die drei Wege, zu animalischen Begriffen zu gelangen, als nicht begehbar erwiesen. Weitere Schwierigkeiten kämen hinzu: Es sei nicht vorstellbar, daß man Begriffe *in vacuo* dingfest mache, da es konstitutiv für sie sei, zu einem Begriffssystem oder einem System von Repräsentationen zu gehören.[37] Eine andere Form, mit Begriffen von Tieren zu rechnen, ist nach den Autoren der »perceptual account«: Ohne näher wissen zu wollen, was Begriffe genau sind, werde ihre Funktion darin gesehen, daß Tiere fähig seien, »Instanziierungen von Nichtinstanziierungen des jeweiligen Begriffs voneinander zu unterscheiden«.[38] Wir merken wieder an, daß die Unterscheidungsleistung als solche nicht beargwöhnt wird; die Autoren meinen jedoch, am Ende lasse sich kein wirkliches Kriterium nachweisen.

»The Problem of Error«:[39] Menschen würden sich bei der Anwendung ihrer Begriffe immer wieder irren, ein Gebüsch für eine Menschengruppe halten und verkleidete Personen nicht wiedererkennen – wie sei da mit Tieren zu verfahren? Können sie sich in ihren Kategorisierungen irren? Funktionieren ihre Begriffe nur in konstanten Umwelten? Wenn der Begriff P aus einem Eigenschaftsbündel der betreffenden Farbe, Größe usw. bestehe und dies positiv zum »discrimination behaviour« passe, habe sich P bewährt; wird aber P nicht gewählt, verfügt das Tier dann über einen Begriff von Nicht-P?

Bevor Chater und Heyes übergehen zur Untersuchung von Tier-»Sprachen«, in denen sich möglicherweise Begriffe finden könnten, resümieren sie:

»Es gibt keine theoretische Basis für den Anspruch, daß nichtsprachliche Tiere Begriffe im allgemeinen oder auch irgendeinen besonderen Begriff haben; die einschlägigen Behauptungen sind sinnlos.«[40]

»Animal Language«:[41] Würden in den Kommunikationsformen von Tieren Begriffe vermutet, setze dies voraus, daß sie über eine Syntax und Semantik verfügen. Normalerweise aber billige man dies den Formen der Tierkommunikation nicht zu. Die antrainierten Zahlbegriffe werden genauer untersucht; die Empiriker, die ihre Erfolge publizieren, würden dabei nicht beachten, daß sie zwar die Namen von Zahlen verwenden, der Name selbst aber für die Tiere gleichgültig sei. Auch die Versuche, relationale Begriffe bei Tieren zu entdecken oder sie ihnen anzutrainieren, seien gescheitert und müßten scheitern, weil Relationen als solche nicht sinnlich identifiziert werden könnten.[42] Auch hier also sei die These von einem Begriffsvermögen der Tiere nicht erwiesen und nicht erweisbar. Man kann noch hinzufügen, daß die Stabilität von Begriffen bei den platonisch-aristotelischen Begriffsrealisten durch eine reale Idee gestiftet wurde, bei den Nominalisten dagegen durch einen Namen, der das Bündel von Eigenschaften oder Prädikaten zusammenschnürt. Sind die Tiere nun Begriffsrealisten oder -nominalisten? Natürlich weder das eine noch das andere.

Dem Gesamtergebnis der Untersuchung wird man kaum widersprechen können. Tiere verfügen über keine Begriffe.

Die Inhalte der Empfindung oder Wahrnehmung sind zunächst z. B. Schall- oder Lichtwellen mit einer bestimmten Frequenz, die als solche stereotyp gesendet und ebenso stereotyp empfangen werden. Diese stereotypen Affektionen sind einerseits konkret, andererseits jedoch hochgradig abstrakt. Wenn wir von der roten Farbe sprechen, meinen wir dieses konkrete Allgemeine, das sich beliebig wiederholen kann und doch die eine Farbe »Rot« bleibt. Jedes wellenidentische Rot ist rot und damit zugleich singulär und allgemein, konkret und abstrakt. Der Kenner der Farbe »Rot« braucht über keine Sprache und über keine außersprachlichen Begriffe zu verfügen, um an jedem Ort der Erde genau die Nuance des Rot wiederzuerkennen, die er als Färber in Oxford kannte. Die Basis der Rotempfindung und Wiederkennung ist das konkrete, allgemeine und identische Rot. Wer von demselben Rot spricht, meint entsprechend nicht die Farbe an demselben Ort und zur selben Zeit, sondern einen bestimmten Rot-Ton, der sich an beliebigen Orten und zu beliebigen Zeiten wiederfinden läßt. Dies alles mit der Generalklausel: im Prinzip, denn es gibt in der Natur keine lupenreine Instanziierung des Allgemeinen, auch Lichtwellen unterliegen Störungen im Kräfteensemble der Empfindung.

Dasselbe gilt für Töne und Geräusche, Gerüche und Geschmäcker – der Kammerton a trägt in jedem Konzertsaal dieser Welt in sich die Gewähr dieser (ungefähren) konkreten Allgemeinheit. Aufgrund der Fast-Identität des Roten kann festgestellt werden, daß Bienen diese Farbe nicht sehen können, sowenig wie wir die Töne hören, die die Fledermäuse für ihr Echolot benutzen. Sie brauchen sie nicht zu unterscheiden, sondern nur zu hören, weil sie als Typen gesetzlich bestimmt und vorprogrammiert sind.

Der nächste Schritt ist die Aggregation und psychische Assoziation von Empfindungen, die dadurch in der Extension eingeschränkter werden bis hin zur Individualisierung: Der Hund hört oder riecht, daß das Kind naht – natürlich ohne jeden Begriff von diesem und anderen, zu unterscheidenden Kindern, sondern als genau dieses singuläre Empfindungs- oder Wahrnehmungssyndrom, das hier affektiv positiv besetzt, in anderen Fällen mit Schrecken und Angst belegt ist.

Der Hund, der das Kind der Familie außerhalb der Wohnung wiedererkennt, abstrahiert nicht vom Mobiliar usw., sondern reagiert auf ein Syndrom von Wahrnehmungen oder Empfindungen (Typen von Lauten, Gerüchen, Farben und damit Gestalten) in stereotyper, aber zugleich individueller Weise;

die Küken im Hühnerhof abstrahieren nicht, wenn sie vor einer Habichtschablone, die über sie gezogen wird, in Panik geraten, und das Jagdtier, das längere Zeit nicht auf Jagd ging, vollzieht keine Abstraktionsleistung, wenn es am Ende hinter einem Schatten herjagt. Tiere verfügen über keine Begriffe und können daher auch keine niederen oder höheren Abstraktionen innerhalb einer Begriffspyramide vollziehen.

Das Tier »kann in dem Sinn ›verallgemeinern‹, daß es auf neue Reize reagiert, wie es auch auf frühere Reize reagiert hat«, schreibt Davidson[43] in gewissem Sinne unaufmerksam, denn wozu bedarf es der Verallgemeinerung, wenn der neue Reiz *als solcher* mit dem früheren identisch ist, wie Davidson selbst unterstellt?

Da die Annahme eines Abstraktionsvermögens bei Tieren auf falschen Prämissen beruht, entfällt auch die vom Abstraktionsvermögen abhängige »averbale«[44] Begriffsbildung der Tiere. Von dem im Titel von Rensch angekündigten Gedächtnis, der Abstraktion und Generalisation bei Tieren wird man also schwerlich reden können.

Die meisten Publikationen, die dafür plädieren, Tiere könnten ohne Wenn und Aber denken, wenigstens wie kleine Kinder, leiden unter begrifflichen Defiziten. So haben Sue Savage-Rumbaugh und Roger Lewin alles getan, um zu zeigen, daß Schimpansen sprechen können. Das empirische Material ist überwältigend, aber es wird nur unzureichend geklärt, was unter »Sprechen« näher zu verstehen ist. Die syntaktische Ordnung von Wörtern kann nicht ausreichen, denn sie wird möglicherweise von den Tieren als eine bestimmte Aneinanderreihung von Zeichen rezipiert, womit noch kein Sprechen ermöglicht wäre, wie wir es in den Menschensprachen finden. In diesen stehen die Zeichen nicht nur in einer bestimmten Folge, sondern werden so miteinander verbunden, daß Bejahung und Verneinung möglich werden – davon machen die Autoren zwar in ihrem Buch ausgiebig Gebrauch, in den Experimenten mit den Tieren kommt dieses sprachliche Urteil jedoch nicht vor. Den Primaten wird die Bildung von Begriffen zugeschrieben; die Alternative eines bloß irgendwie geordneten Vorstellungsbündels wird gar nicht erst erwähnt.

Die Autoren unterscheiden nicht zwischen Zeichen und Symbolen und nennen jedes von ihnen als solches gebrauchte Wort ein Symbol, das als Symbol von den übrigen Primaten rezipiert wird. Damit sind die Ergebnisse vorprogrammiert; man mag die Einfühlsamkeit und situative Schläue der Affen bewundern, aber zur Sprachfähigkeit erfahren wir nichts.

Gefühle, Affekte, Emotionen

Es läßt sich vernünftigerweise nicht bezweifeln, daß wir einen großen Bereich unserer naturhaften Gefühle und Affekte mit Tieren teilen.[45] Das Tier leidet wie wir unter Hunger und Durst, es spürt den Sexualdrang und Lust und Unlust, den Schmerz bei einer Verwundung, aber auch den Seelenschmerz des Muttertieres, wenn ein Kalb geraubt wird. Unter sozialem Streß leiden Menschen genauso wie Mäuse, nicht ihr Gehirn, nicht ihre Nerven, sondern Maus und Mensch werden depressiv.[46] Höhere Tiere und Menschen werden in gleicher Weise und auf dieselbe Art von panischem Schrecken ergriffen. Wenn die Erde plötzlich anfängt zu beben und die Natur aus den Fugen gerät, dann erfaßt Menschen und Tiere derselbe animalische Urschreck, der sie zu Tode erstarren oder planlos fliehen läßt und beim Menschen jede Reflexion paralysiert. Man wird annehmen können, daß der panische Schrecken der Menschen und Tiere sich historisch kaum gewandelt hat und die antiken Beschreibungen auch heute dasselbe Phänomen erfassen. Hordentiere kennen die Gefühle des Stolzes und der Demut wie die Menschen; ohne diese emotionalen Resonanzböden ließe sich keine enge soziale Ordnung aufrechterhalten.

Assoziation von Signalen, Affekten, Emotionen

Die Assoziation von Vorstellungskomplexen ist gegenüber dem Umgang mit Begriffen das weniger anspruchsvolle Instrument; es hat also einen methodologischen Bonus. Wenn jedoch im Folgenden von menschlichen und tierischen psychischen Assoziationen gesprochen wird, dann dient dies nur als Modell, das viele Phänomene erklären könnte. Es ist die Hypothese einer Psycho-Mechanik, die rein psychologisch ablaufen kann, also nicht materiell-mechanisch verfaßt ist, die jedoch den wenigstens vermuteten Vorteil hat, physiologisch ablagerbar und abrufbar zu sein. Sie deckt jedoch nur einen Teil des psychischen Lebens von Tieren und Menschen.

Die unterschiedlichen Informationen durch die Sinnesorgane wären zwecklos, würden sie nicht im Gehirn und im Psychischen sortiert und verbunden etwa zu einem »Menschen«, in diesem Fall also zu einem Syndrom in der jeweiligen Hunde- oder Elefantenwelt[47] als Geruchsträger, als Freund oder Feind, als Gefährte mit einem sozialen oder familiären Status, in dem der Dompteur ein Alpha-Tier sein kann usw. Sodann werden aufgrund der gebündelten Information die Körperbewegungen in der polaren Zentrierung um Attraktion und Repulsion einheitlich gelenkt. Um diese beiden Aufgaben zu erfüllen, bedarf es bei höher entwickelten Tieren der gezielten Aufmerksamkeit. Ohne diese dirigierende Einheitsfunktion könnten die unterschiedlichen Wahrnehmungen und Empfindungen aus den verschiedenen Körperregionen gewissermaßen zu Hause bleiben, wir bräuchten weder Nerven noch Gehirn und wären wieder bei den Pflanzen ohne Wahrnehmungsorgane, ohne Nerven und Gehirn und ohne gesteuerte Selbstbewegung angelangt.

In die Wahrnehmungssynthesen gehen gespeicherte Informationen ein, die mit den gegenwärtigen verbunden werden. Dies ist das psychische Vermögen der Assoziation.

Die Assoziation von Vorstellungen, d. h. Signalen oder Zeichen, mit anderen Zeichen oder Emotionen und Affekten ist ein seit Platon[48] und Aristoteles hervorgehobenes Phänomen menschlicher und tierischer mentaler Leistungen; es ist eine einfache und plausible Erklärung dafür, daß die mentale Präsenz über die gegenwärtige Sinneswahrnehmung hinausgeht und frühere, besonders affektiv besetzte Vorstellungen einbezieht. Bestimmte Formen der Vergesellschaftung von Vorstellungen und Affekten sind bereits von Aristoteles kanonisiert worden; demnach gibt es die Assoziation durch Gleichheit, Gegensatz oder Nähe der Vorstellungen.[49]

Die Assoziationspsychologie fügt sich gut zu einem allgemein anerkannten Defizit tierischer kognitiver Leistungen: Es wird in ihr nicht zwischen Ursache und Wirkung unterschieden, sondern nur die zeitliche oder räumliche Nähe beachtet und das Auftreten des einen nach dem anderen erwartet. Ob das an den Anfang gestellte Ereignis die Ursache oder aber die zuerst erscheinende Wirkung in einem wahrgenommenen Gegenstandsfeld ist, spielt für die Kohäsionskraft zwischen diesen Vorstellungen keine Rolle. Diese Kausalblindheit der Assoziationsketten wird von den Tieren nicht durchbrochen, während sich das kausal neugierige Kind schon aus dieser Fesselung befreit und nachsieht, was der Sache nach, nicht der Erscheinungsfolge nach den Vorrang hat. Nur wenn man diesen nichttierischen, menschlichen Zugang hat, ist es möglich, mit den vom eigenen Körper entfernten Entstehungsbedingungen zu experimentieren. Kein Tier hat daran ein Interesse.

Die Assoziation von Vorstellungen oder Repräsentationen fügt diese aufgrund früherer phylogenetischer oder ontogenetischer Erfahrungen blind an bestimmte gegenwärtige Vorstellungen an und veranlaßt dadurch ein Verhalten, als ob den assoziierten Vorstellungen dieselbe Realität zukomme. Aufgrund neuer Erfahrungen können Assoziationen abrupt oder allmählich geändert werden. Die Assoziationshypothese ist deswegen von so großem Wert, weil sie dem Individuum nicht zumutet, Denkakte zu vollziehen und Intentionen zu haben – Pawlows Hund denkt nicht und hegt keine Absichten, sondern folgt blind seiner psychischen Zentrale. Beim Ausbleiben des Fressens empfindet er einen dumpfen Schmerz.

Die Assoziation ist für uns das Modell eines »satzähnlichen Vehikels«,[50] das ohne Begriffe, ohne eine formale Verknüpfung und ohne Negationsmöglichkeit ein breites Spektrum von Funktionen erfüllt. Vor allem decken die Assoziationen die Schwierigkeiten ab, die mit dem Mittelgebrauch zum Erreichen bestimmter Zwecke verbunden schienen. Am Schluß seiner intensiven Analyse »Die Evolution des Zweck-Mittel-Denkens« schreibt David Papineau: »Ich sehe keinen Grund, der dagegen spricht, daß assoziatives Lernen auf diesem Weg zum Zweck-Mittel-Denken führt, wie es bis hierher definiert worden ist. [...] [D]as assoziative Lernen ermöglicht den Tieren herauszufinden, daß neue Bedingungen zu alten Verhaltensdispositionen passen.«[51] Das eigentümliche Gebiet des Denkens und Urteilens wird nicht beschritten.

Ob die hierbei genannten Vorstellungen eher statische Bilder und Repräsentanten oder Fähigkeiten sind, braucht uns nicht zu interessieren. Charles Darwin sieht in der Assoziation ein Grundprinzip im Seelenleben der Tiere – »The power of Association is admitted by everyone«.[52] Eine bestimmte Affengruppe sei, so Bekoff, »conscious of the association of potato with water«.[53]

Die Assoziationen sind nicht ohne gespeicherte phylogenetische oder ontogenetische Erfahrungen möglich; sie führen zu Dispositionen, die wir als zukunftsgerichtete Erwartungen dechiffrieren, die jedoch für das tierische Subjekt in der bloßen Gegenwart erfahren werden können. Der Hund von Pawlow verknüpfte ein Klingelzeichen mit der Fütterung; so wurde mit dem Klingeln die Disposition zum Fressen geweckt; blieb dieses jedoch aus, mußte eine Entzugs- oder Schmerzerfahrung folgen.

Die Assoziierung von Vorstellungen ermöglicht vermeintliche, aber eben nur vermeintliche Irrtümer: Das unklare Schema am Garteneingang wird mit einer vertrauten Person und deren attraktiven Eigenschaften assoziiert, so daß der Hund der sich nähernden Person entgegenspringt, aber plötzlich bemerkt, daß seine nicht zutreffende Assoziation ihn ins Leere laufen läßt. Die assoziierten Vorstellungen verblassen wie Traumgebilde oder Halluzinationen. Um dieses Phänomen zu erzeugen, bedarf es keines Urteils. *Wir* beschreiben den Ablauf unvorsichtig als einen Irrtum des Tieres, den es als solchen erkennt, aber das übersteigt den nachweisbaren Sachverhalt. Auch hier genügt es, daß eine bestimmte Vorstellungsassoziation nicht mehr aktiviert wird und so verblaßt. Bermúdez führt den Fall eines Tieres an, das dann zur Wasserstelle geht, wenn die Anwesenheit einer Gazelle indiziert, daß kein Löwe in der Nähe ist; er folgert daraus, daß das Tier in einer Art Protologik zur Schlußfolgerung im *modus tollens* in der Lage sei.[54] Er zeigt jedoch nicht, daß hier das einfachere Instrument der Assoziation nicht ausreicht; warum soll nicht für das Tier die Gegenwart dessen, was wir Gazelle nennen (das »Klingelzeichen«), mit dem gefühlsmäßig attraktiven Wassertrinken verbunden sein; wenn es Durst verspürt, dann folgt es diesem Zeichen des Reizes. Dies wäre die einfachere Lösung, die als nicht zutreffend widerlegt werden muß, bevor die kompliziertere vorgeschlagen wird.

Colin Allen vertritt die These, »daß Organismen [...] Repräsentationen von der Welt besitzen, die von der unmittelbaren Wahrnehmungsinformation getrennt sind«.[55] Um dies zu erklären, gesteht er den Organismen die Bildung von Begriffen zu, widerlegt jedoch nicht die weniger prätentiöse Assoziationstheorie, die den Sachverhalt kennt und erklärt, zum Subjekt allerdings keine Organismen, sondern Tiere und Menschen macht.

David Hume verglich die Assoziationen von Vorstellungen (»ideas«) mit anderen Zeichen (»ideas«) und Empfindungen (»impressions«) mit der Newtonschen Gravitation[56] – also: Das Klingelzeichen zieht die Freßempfindung und Lustdisposition an, die Peitsche dagegen die Schmerzdisposition, die zur Flucht stimuliert. Der Vergleich mit den Attraktionskräften zeigt gut, daß in diesen physiologischen und/oder psychologischen Ablauf keine Intentionen des jeweiligen Trägers eingehen müssen.[57] Ausgeschlossen sind sie nicht.

Tiere, die durch Assoziationen von Vorstellungen und Reizen geleitet werden, verfügen damit nicht über eine Meinung; es ist nicht möglich, den Tieren diese gegenüber der Erkenntnis traditionell niedrigere Wissensform zuzusprechen, ihnen aber dann den nächsten Schritt zu verweigern. Von einer Meinung jedoch kann nur gesprochen werden, wenn das meinende Subjekt weiß, daß seine Meinung gegenüber der Erkenntnis defizitär ist.

Sodann muß sich jede Meinung als solche in einer Urteilsform artikulieren können: »Ich meine/meine nicht, daß Tiere denken können.« Das gilt auch für Urteilsdispositionen wie »Ich zweifle/zweifle nicht, daß [...]«, »Ich hoffe/hoffe nicht, daß [...]«. Dasselbe gilt für Überzeugungen. Wir können uns allerdings damit behelfen, daß wir den Tieren überzeugungsähnliche oder -analoge mentale psychische Zustände zubilligen, die zu einem Verhalten führen, das bei uns auf Überzeugungen beruht.[58] Da Tiere über keine Begriffe verfügen, entfällt das gesamte mentale Repertoire, das begrifflich artikuliert wird oder werden kann. Davidson schreibt: »Eine intentionale Handlung ist eine Handlung, die in Bezug auf Überzeugungen und Wünsche erklärt werden kann, deren propositionale Gehalte die Handlung rational machen.«[59] Wenn intentionale Handlungen Überzeugungen und Wünsche voraussetzen, wird man sie Tieren absprechen müssen. Wenn wir umgekehrt nur sehr künstlich alle Intentionalität streichen können, werden wir auf eine andere, uns unbekannte psychische Ressource zurückgreifen müssen.

Markus Wild spricht in seiner *Tierphilosophie* von Repräsentationen oder Gedanken von Tieren, in denen etwas als etwas gedacht wird und die aufgrund dieser prädikativen Struktur wahr oder falsch sind. »Ein Gedanke, so sagten wir, hat die Funktion, bestimmte Umweltbedingungen anzuzeigen. Des Vogels Gedanke, daß vor ihm etwas Eßbares sitzt (eine Made), ist wahr, wenn dort tatsächlich etwas Eßbares sitzt, und falsch, wenn nicht (ein Wachsstück, das wie eine Made aussieht). Wenn der Gedanke wahr ist, wird er das Bedürfnis des Vogels (Hunger!) erfolgreich befriedigen helfen, sonst nicht.«[60] Ist dieser Wildsche Gedanke wahr oder falsch?

Wir nehmen mit Wild an, daß gewisse Tiere mit ererbten oder selbsterworbenen Repräsentationen ausgestattet sind, sehen in ihnen jedoch mehr oder weniger grobe Typen wie z. B. die Silhouette von Raubvögeln, die den Küken angeboren ist; wenn sich diese Silhouette über dem Hof zeigt, wird die mit ihr assoziierte Gefahrvorstellung ausgelöst, die die Flucht veranlaßt. Ist der Vorstellungstyp »Raubvogel« somit falsch, wenn die Silhouette in diesem Fall aus Sperrholz ist? Er ist zu weit, weil er auch Platz für eine gefahrlose Holzsilhouette läßt. In Wilds Beispiel ist die Madenrepräsentation ebenfalls zu weit, so daß auch mit einem Wachsimitat die assoziierte Eßbarkeit aktualisiert und das entsprechende Verhalten ausgelöst wird. Bei häufigem Vorkommen lernt der Vogel vielleicht, die Repräsentation zu verfeinern, so daß Wachsimitate nicht mehr in die Madenrepräsentation passen und dann auch keine Auslöserfunktion des Pickverhaltens mehr haben. Vielleicht sind dann aber mit der verengenden Spezifizierung auch bestimmte nahrhafte Dinge nicht mehr auf dem Speisezettel; ist damit die Repräsentation (bzw., mit Wild, der Gedanke) falsch? Sowohl bei der Repulsion wie auch bei der Attraktion verfügen die Vögel über Vorstellungen, mit denen die Gefahr- bzw. Freßbarkeitsaffekte starr verbunden sind, so wie bei Pawlows Hund der letztere Affekt mit dem Klingelzeichen. Repräsentieren die Tiere etwas als etwas und bewegen sich damit im Feld wahrer oder falscher Prädikation eines Gedankens, oder genügt das bescheidenere Assoziationsmodell, um uns auf das Tierverhalten einen kognitiven Reim zu machen? Unter der Prämisse des

Morganschen Ökonomieprinzips, dem Wild zustimmt,[61] dürfte das letztere der Fall sein.

Wenn unsere Analyse korrekt ist, brauchen wir mit der Auffassung, daß es in der außermenschlichen Natur nichts Wahres oder Falsches gibt, nicht zu brechen.

»Nichtmenschliche Primaten verstehen viele der Anteze-denz-Konsequenz-Beziehungen, die es in der Welt gibt, aber sie scheinen kein Verständnis für die kausalen Kräfte als Vermittler dieser Beziehung zu haben.«[62] Dieses Ergebnis der modernen Tierpsychologie und Verhaltensforschung stimmt ganz mit der philosophischen Tradition überein. So schreibt Leibniz in der *Monadologie*: »Das Gedächtnis liefert den Seelen eine Art von Verkettung, welche die Vernunft nachahmt,[63] aber von dieser unterschieden werden muß. So sehen wir, daß die Tiere, wenn sie irgend etwas perzipieren, das einen lebhaften Eindruck auf sie macht und von dem sie schon früher eine ähnliche Perzeption gehabt haben, infolge der Vorstellung ihres Gedächtnisses dasjenige erwarten, was bei jener früheren Perzeption damit verbunden war, und daß sie zu ähnlichen Gefühlen neigen wie damals. Zeigt man zum Beispiel den Hunden den Stock, so erinnern sie sich des Schmerzes, den er ihnen verursacht hat, und heulen und laufen davon.«[64] Dies geschieht assoziativ und nicht durch den komplizierteren Syllogismus: »Alle Stöcke führen zu Schmerzen; das dort ist ein Stock; also kommen Schmerzen auf mich zu.« Dafür würde ein allgemeiner Begriff von Stock benötigt; beim Tier brauchen wir jedoch nur ein ungefähres räumliches Stockschema, das als solches identisch wiederkehrt wie die rote Farbe oder der schrille Ton. Der Syllogismus benötigt die Subordination von Begriffen, die Assoziation begnügt sich mit der Nebenordnung von Vorstellungen. Und Hume hebelt gewissermaßen den Spuk geheimer Kausalkräfte auch für Menschen assoziationspsychologisch aus. Die Kräfte sind nichts anderes als der durch Gewohnheit und Assoziation entstandene Erwartungsdruck des Eintretens des Ereignisses b nach a, nicht weil a die Ursache für b ist, sondern weil die Vorstellung von b mit der Vorstellung von a assoziiert ist, ob diese nun Wirkung oder Ursache ist.

Auf dieser Grundlage verstehen nichtmenschliche Primaten viele der Antezedenz-Konsequenz-Beziehungen, die es in der Welt gibt; nur entgeht ihnen die für uns gegebene Kausalität oder Gesetzlichkeit. Erst die Kausalbeziehung entscheidet über die Folge-Beziehung, weil erst die Festlegung von Ursache und Wirkung die wahrgenommene Reihenfolge in eine objektive verwandelt und reproduzierbar macht. Es gibt Ereignisfolgen unserer Umwelt, bei denen wir zuerst die Wirkung und danach die Ursache wahrnehmen, man denke an das Licht am Morgenhimmel, auf das die Sonne, die es verursacht, zeitlich folgt. Hier ist die Wirkung das zeitliche *antecedens* und die Ursache das zeitliche *consequens*. Für die Assoziationspsychologie gibt es keinen Zugang zur wirklichen Kausalfolge, denn sie kann beide Ereignisse paritätisch miteinander verknüpfen. Dadurch ist auch gleichgültig, ob die Verbindung von a und b zufällig und künstlich arrangiert ist (Glocke – Fressen) oder naturnotwendig und kausal bestimmt. Nimmt man also an, daß Tiere nur Vorstellungen assoziieren, ist damit die kausale Neugier notwendig versperrt. Tiere haben Vorstellungssequenzen und können diese ablegen und wieder aufrufen, durchdringen jedoch nicht die subjektiven Abfolgen hin zur objektiv erkennbaren Natur. Das menschliche Naturerkennen sichert sich ab, indem es von der bloßen, vielleicht trügerischen Beobachtung zum Experiment übergeht. Tiere können etwas versuchen, aber nicht methodisch experimentieren. Es legt sich nahe, die kausale Neugier und die Kausalkompetenz nur der Menschen mit dem Begründungszwang zu verbinden, in den sich zeigende und behauptende Menschen in einer Horde begeben. Gegen den Einspruch der anderen ist derjenige, der etwas behauptet, zur Begründung verpflichtet; die Kausalvorstellung überträgt diese Warumfrage auf das Naturgeschehen.

Aufmerksamkeit

Schon in der Antike wurde die Konzentration auf eine bestimmte Sache bis zum Verlust aller Aufmerksamkeit auf die Umgebung bei Menschen beobachtet. Für John Locke spielt die Fokussierung des Bewußtseins, die »attention«, eine eminente Rolle, zweifellos auch gegen die »dissipation« der Hofkultur. Friedrich Schiller sieht in einer seiner medizinischen Dissertationen, der *Philosophie der Physiologie*, in der Aufmerksamkeit des menschlichen Geistes eine Eigentümlichkeit, die nicht mehr auf die materielle Basis des Gehirns reduzierbar sei: »Die Seele hat einen Einfluß auf das Denkorgan. Sie kann die Materiellen Ideen stärker machen und mit Willkühr darauf haften, und so mit macht sie auch die geistigen Ideen stärker. Diß ist das Werk der Aufmerksamkeit. [...] Aufmerksamkeit also ist es, durch die wir phantasieren, durch die wir uns besinnen, durch die wir sondern und dichten, durch die wir wollen. Es ist der tätige Einfluß auf das Denkorgan, der dies alles vollbringt.«[65] Aber können nur Menschen aufmerksam sein? Nach Schiller sicher, aber dies liegt an der Tiervergessenheit des deutschen Idealismus.

Höhere Tiere gehen konzentriert einer einzigen Aufgabe

nach, weniger wohl die Weide- als die Jagdtiere, Jäger und Gejagte. Der Tiger, der eine Antilope jagt, also auch der Hase, der einen Haken schlägt, sie konzentrieren ihre Kräfte auf den Bewegungsablauf nicht anders als ein Mensch, der jagt oder gehetzt wird. Auch Tiere bemerken bei dieser Konzentration der Aufmerksamkeit auf die Gefahr oder die Rettung offenbar andere Dinge nicht, etwa Schmerzen durch eine Verwundung. Sie sind selbstvergessen und widmen sich ganz der einen lebenswichtigen kurzfristigen Tätigkeit. Man muß hier keine eigenständige Kausalität des Psychischen annehmen, sondern kann folgendermaßen argumentieren: Die Wunde löst neuronale Aktivitäten des Schmerzzentrums N aus; sie stehen jedoch in ihrer Intensität in Konkurrenz mit anderen Reizen, sei es einer Gefahr, sei es etwa der Lust, die durch den Anblick einer bestimmten Person oder eines Beutetieres assoziativ ausgelöst wird;[66] handlungswirksam wird dann der stärkste physisch registrierte und psychisch präsente Reiz. Ohne eine derartige psychische Aktivität läßt sich schwer begreifen, welchen Vorteil es für bestimmte Tiergattungen gebracht haben soll, überhaupt psychische Anlagen zu besitzen. Die Selektion bestimmter Reize der Umwelt und das zeitweilige Festhalten an ihnen müssen zu den Grundfähigkeiten der Psyche gehören. Bei Menschen und Tieren setzt der Selektionsprozeß schon in den Sinnesorganen ein, die aus dem Gesamt der anströmenden Reize eine zielgerichtete Auswahl treffen, an der weder der Mensch noch das Tier bewußt beteiligt sind.

Daß Tiere im Sinne einer psychologischen, nicht nur selektiv-organologischen Gerichtetheit auf etwas Bestimmtes in der Umwelt aufmerksam und selbstvergessen sind, das wissen sie im betreffenden Moment sowenig wie der Forscher, der ihnen aufmerksam nachspürt. Nur der menschliche Forscher kann jedoch seine Aufmerksamkeit *post festum* thematisieren und als Phänomen zu erkennen suchen.

Tomasello behandelt ausführlich die *gemeinsame* Aufmerksamkeit als ein spezifisch menschliches Phänomen. Das »Auftauchen gemeinsamer Aufmerksamkeit«[67] finde bei Kindern zwischen neun und zwölf Monaten statt und gehe dann nicht mehr verloren – aber muß man bei Tieren, die gemeinsam zur Jagd gehen, nicht eine gemeinsame Aufmerksamkeit voraussetzen? Die Antwort findet man, wenn man sich erinnert, daß Tomasello das Kapitel über die gemeinsame Aufmerksamkeit mit dem Satz einleitet: »Unser Vergleich zwischen menschlichen und nichtmenschlichen Primaten führt zu dem Ergebnis, daß das Verstehen der Artgenossen als intentionaler Wesen, die dem Selbst ähnlich sind, eine spezifisch menschliche kognitive Fähigkeit ist, die entweder direkt oder indirekt über kulturelle Prozesse viele der außerordentlichen Merkmale menschlicher Kognition erklärt.«[68] So hätten wir zwei Formen der gemeinsamen Aufmerksamkeit; die menschliche baut sich auf durch die Erkenntnis und Teilnahme an der gleichen Intention der anderen Subjekte, die tierische muß man sich als eine Addition von getrennten mentalen Leistungen denken, die jeweils zu einer Koordination mit den zweckgerichteten Bewegungen der anderen führt. Allen und Saidel arbeiten jedoch mit dem Konzept einer gemeinsamen Aufmerksamkeit von Tieren beim Erlernen eines bestimmten Verhaltens;[69] vielleicht sollte man im Sinne der Bedenken von Tomasello von paralleler und synchroner Aufmerksamkeit sprechen. In der neuen Studie »Understanding and sharing intentions« wird den Tieren ein intentionales Verstehen zugestanden,[70] jedoch keine mit anderen Artgenossen geteilte Aufmerksamkeit auf ein gemeinsames Ziel oder Objekt.

Tomasello u. a. konzipieren die gemeinsamen Absichten von Menschen so, daß sie sie aus drei Schritten komponieren, wobei wir die ersten beiden mit den Tieren gemein haben, nicht jedoch den dritten: »Understanding Animate Action (looking) – Understanding Pursuit of Goals (seeing) – Understanding Choice of Plans (attending).« Dem entsprechen in der Motivation, psychologische Zustände zu teilen, »dyadic engagement (shared emotions & behavior) (3 months) – triadic engagement (shared goals and perceptions) (9 months) – collaborative engagement (joint intention & attention) (14 months)«.[71] In der Zusammenarbeit der letzten, nur vom Menschen erreichten Stufe werden nicht Einzeltätigkeiten wie bei der gemeinsamen Jagd von Raubtieren zusammengesetzt, sondern ein gemeinsames Handlungsziel als solches vom Individuum anvisiert und auszuführen gesucht. Wir können über Tomasello u. a. hinaus diese Verfestigung eines gemeinsamen Handlungsziels auch für die Annahme der Gewinnung einer subjektindifferenten, weil gemeinsamen Welt fruchtbar machen. Die durch gemeinsame Aufmerksamkeit fixierten Objekte überschreiten den nur individuellen Vorstellungsbereich und leisten eine ähnliche Funktion der Objektivierung wie die kausale Neugier. Das zwischen Individuen austauschbare Urteil »S ist/ist nicht P« referiert genau auf Teile einer derartig vom Redenden und seinen bloßen Vorstellungsassoziationen getrennten objektiven, gemeinsamen Welt.

Ein besonderes Phänomen der Aufmerksamkeit ist jedem aus der Alltagsbeobachtung von Menschen und Tieren vertraut: Es wird aufmerksam auf etwas gelauscht, es wird gerochen, getastet, aber das erwartete Phänomen stellt sich (noch) nicht ein. Wir gehen durch einen dunklen Raum und tasten nach der Tischkante; daß wir dabei nichts sehen, ist qualitativ von dem

Befund unterschieden, daß wir von der Wand bis zur Zimmermitte nichts ertasten. Hunde spitzen nach einem auffälligen Geräusch die Ohren, aber es bleibt totenstill. Der Tiger lauert auf die Gazelle, die nicht kommt. Das Etwas-nicht-Sehen ist spezifisch unterschieden davon, daß sich in derselben Zeit auch nichts Auffälliges riechen oder als warm oder kalt empfinden läßt. Man wird konjizieren dürfen, daß die gespannte Aufmerksamkeit sich in der Hirntätigkeit als neuronale Aktivität ablesen läßt. Zugleich müssen wir bei der Interpretation dieses Befundes darauf achten, daß das Tier zu dem Nicht-da-Sein keinen Zugang durch ein verneinendes Urteil hat. Hat das Tier eine Vorstellung von dem, was nicht ist? Nach dem Ökonomie-Prinzip wird man eher folgende Vermutung anstellen: Die gezielte Aufmerksamkeit wird durch ein Sinnesphänomen ausgelöst, das als Zeichen für etwas anderes rezipiert wird, das mit ihm regelmäßig verbunden ist. Auf a folgt immer b und wird entsprechend erwartet. Die nicht intellektuelle, sondern affektiv mit Hunger-, Angst- oder Lustgefühlen besetzte assoziierte Vorstellung ist ein psychisches Ereignis *sui generis*, das mit dem Eintreffen von b gesättigt wird und mit dem Ausbleiben von b allmählich abklingt. Das Nichts also wird nicht benötigt und entstammt unserer menschlichen Beschreibung des Phänomens.

Bildersehen

Tiere verfügen über eine innere Arena von Vorstellungen, sonst wäre es nicht möglich, daß sie irgend etwas wiedererkennen, indem sie eine präsente sinnliche Wahrnehmung mit einer früheren, vorgestellten identifizieren. Diese nur imaginierte Arena ist auch für den Entwurf einer Handlung unerläßlich; bestimmte Tiere erreichen ihr Handlungsziel auf einem Umweg, dafür müssen sie die Raumbeziehungen von Objekten mental organisieren und sich dann diesem Raumplan entsprechend bewegen.[72] Verstecken sie Nahrung, eignen sie sich die sichtbare Geographie kognitiv an und benutzen das durch einen späteren Anlaß evozierte Raumbild zur Orientierung beim Wiederfinden der Nahrung. Beim Träumen werden offenbar wie bei uns Erlebnisse in mentalen Bildern reproduziert und variiert.[73]

Unsere These lautet, daß kein Tier ein Bild *als Bild* sehen oder erkennen kann. Auch Schimpansen erkennen ihr eigenes Bild nicht, wenn sie die bekannten Gesten der vorgeblichen Selbsterkenntnis vor einem Spiegel vollziehen: Einem Schimpansen wird, ohne daß er es bemerkt, eine Schleife ins Kopfhaar gebunden; tritt er (nach bestimmten Übungen?) vor einen Spiegel, so greift er sich ins eigene Haar und findet die Schleife.[74] Muß er sich also im Spiegelbild erkennen?

Daß Primaten über ein Selbstgefühl und damit über ein Selbstbewußtsein[75] verfügen, steht außer Frage; es fragt sich nur, ob wir es beim geschilderten Fall mit der *Erkenntnis* des eigenen Bildes zu tun haben. Im strikten Sinn sicher nicht, denn der Affe oder die Elster oder der Delphin verfügen über keinen Begriff ihrer selbst und, wie oben bereits ausgeführt, über keinen Begriff des Spiegels.[76] Wäre das letztere der Fall, müßten Erkennungszeichen für das Erkennen von Bildern beliebigen Inhalts vorliegen, und dazu ist kein Tier in der Lage. Kein Tier benutzt für seine Morgentoilette einen Spiegel und bringt dies auch seinem Nachwuchs bei.

Blicke ich über den See, in dem ich schwimme, sehe ich den Berg vor mir, auf den ich gerade hinaufsteige, so sind See und Hügel keine Bilder. Es gibt jedoch Bilder, die diesen See und diesen Berg optisch präsentieren, in ihnen kann ich mich imaginativ, aber nicht real-physisch bewegen. Wird auf mein Spiegelbild geschossen, komme ich lebend davon. Sind diese Sachverhalte für Tiere nachvollziehbar? Absolut nicht.

In Kanada wurden Holzstücke gefunden, die aufgrund ihrer Form keine kuriosen Naturbildungen sein konnten, sondern bei denen es sich um Artefakte handeln mußte. Tatsächlich, so entdeckte man, waren es geschnitzte Landkarten der Indianer, anhand deren sie sich bei ihren Wanderungen an der Küste orientieren konnten.[77] Zur Konzeption einer derartigen Abbildung bedarf es sowohl der mentalen Operation des Zeigens als auch einer Negation, denn das Holzbild stellt etwas dar, was das Stück Holz selbst nicht ist; der Hersteller oder Betrachter muß mit dieser nichtassoziativen Beziehung umgehen können, um etwas als Bild erzeugen oder erkennen zu können. Tiere sind sowohl aus der Herstellung als auch aus der Erkenntnis des Produkts gänzlich ausgeschlossen.

Ein Hund holt ein Stück Fleisch aus der Küche, wenn ihm im Nebenraum dieses Fleisch als Bild auf einem Stück Papier gezeigt wurde; es kann auch sein, daß er ein Stück Papier holt. In beiden Fällen muß die Beschreibung des antrainierten Hundekönnens so verfahren, daß der Begriff des Bildes aus der Tierperspektive strikt gemieden wird, weil das Tier selbst ihn nicht realisieren kann.

Bewußtsein, Selbstbewußtsein, Selbstsorge

Wir haben uns in diesem Kapitel bisher mit emotionalen und kognitiven Leistungen von Tieren befaßt und dabei angenommen, daß diese Leistungen bewußt vollzogen werden können.

Aber was heißt »Bewußtsein«? Mit dieser Frage betreten wir ein Gebiet unendlicher Komplikationen, das in der Neuzeit eine schier unerschöpfliche Literatur nach sich gezogen hat.

Jeder pflanzliche, tierische und menschliche Organismus besteht in einem Zusammenwirken jedes Teils mit den anderen Teilen, d. h. mit dem Ganzen, wobei dieses Zusammenwirken die nur mechanische Wechselwirkung etwa der Gravitation durch irgendeine Form der Zweckausrichtung auf die Lebenserhaltung überschreitet. Eine im 18. Jahrhundert geprägte Formel lautet, jedes Teil sei zugleich Mittel und Zweck des Ganzen bzw. werde von uns notwendig als solches beurteilt.[78] Definiert man Selbstbewußtsein als »die Bezugnahme eines Individuums auf seine eigenen geistigen oder körperlichen Zustände«,[79] dann verfügen auch einzelne Pflanzen über Selbstbewußtsein, da sie sich auf ihre eigenen körperlichen Zustände beziehen. Alles Leben ist selbstreferentiell. Da Pflanzen jedoch nicht – wie sich selbst bewegende Tiere – über Nerven und Gehirn verfügen, sollten sie aus den möglichen Kandidaten für psychische Phänomene und damit für ein Bewußtsein ausgeschlossen werden.[80]

Die Frage im Hinblick auf die Tiere lautet, ob sie über eine Selbstbeziehung verfügen, die die der Pflanzen überschreitet. Vielleicht kann man von einem Bewußtsein als Selbstgefühl sprechen, welches das Ganze des animalischen Individuums im körperlich begrenzten Raum und in einer beschränkten Zeit betrifft.[81] Das Tier verspürt den Schmerz ebenso wie der Mensch, es, das ganze Tier, ist sich dessen folglich bewußt. Bestimmte Tiere »wissen um« ihre Körpergröße und ihr ungefähres Gewicht, Tiere sorgen sich um sich selbst, etwa bei der Reinigung der Federn, und können in diese Sorge die Jungen oder auch andere Artgenossen einbeziehen. Das psychisch oder physisch erkrankte Tier nimmt kein oder nur ein vermindertes

Interesse an sich selbst. Tiere können in einen natürlichen Schlaf fallen und in Narkose gelegt werden; wie die Menschen verlieren sie dann nach der üblichen Redeweise ihr »Selbstgefühl« oder auch das ihren psychischen Fähigkeiten entsprechende Bewußtsein.

Bevor das animalische Bewußtsein und Selbstbewußtsein eigens erörtert werden, gilt es zunächst zu klären, was unter den beiden Termini allgemein verstanden wird und hier verstanden werden soll.

Für beide Begriffe hat sich in der Neuzeit ein doppelter Gebrauch eingebürgert. Wir sprechen von beiden mentalen Zuständen in einem weiten, üblichen und in einem engeren, philosophischen Sinn. Im üblichen Wortgebrauch spricht man vom bewußten Handeln als einem absichtsvollen Handeln, von richtigem und falschem Bewußtsein, von ökologischem und feministischem Bewußtsein; selbstbewußt ist jemand, der von sich überzeugt ist. Die Gegenbegriffe lauten: Unbewußt, bewußtlos, ohnmächtig, ohne Absicht. In philosophischer terminologischer Redeweise wird mit Bewußtsein die mentale Eigenschaft bezeichnet, die den Menschen gegenüber den Sachen und Tieren auszeichnen soll; das sich seiner selbst bewußte Bewußtsein ist dann das Selbstbewußtsein, die Grundlage aller geistigen Tätigkeit des Menschen.

Seit dem deutschen Idealismus wird häufig angenommen, erst die Neuzeit habe das Bewußtsein und Selbstbewußtsein eigentlich entdeckt. Wir können hierauf nicht näher eingehen, sondern halten verkürzend fest: Das Bewußtsein nimmt in der Neuzeit häufig den Rang einer substantiellen Grundlage ein, auf der dann einzelnes mentales Tun und Leiden möglich wird. So kann mit gutem Recht behauptet werden: »Selbstbewußtsein und Subjektivität bezeichnen nicht eines neben anderen, sie bezeichnen *das* Grundinteresse, das die moderne Philosophie von Descartes bis Husserl (und Sartre) in Atem gehalten hat.«[82] Man sieht, daß hier natürlich Tiere vom Selbstbewußtsein (und Bewußtsein) *a priori* ausgeschlossen sind.

Descartes und Locke binden das Bewußtsein an das Denken; an ihm wird es zuerst aufgefunden, und dann wird jedoch das übrige Seelenleben des Menschen unter das Denken subsumiert. Descartes ersetzt den Bereich des Psychischen (zu dem die Tiere noch Zugang hätten) durch den des Mentalen mit dem *Cogitatio*-Visum: Wer nicht zu denken vermag, verfügt über keine *mens* und damit auch nicht über die in ihr aufgefundenen Fähigkeiten des Zweifelns, Verstehens, Bejahens, Verneinens, Wollens, Nichtwollens, Imaginierens und Fühlens.[83] Daß es die letzten beiden Fähigkeiten bei Tieren nicht gibt, wird von Descartes nicht bewiesen, sondern durch seine Definitionspolitik erschlichen. In der Nachfolge von Descartes erhält sich der Dualismus von menschlichem Geist und Körper mit der Folge, daß die Tiere zu den geistlosen Sachen gezählt werden und die Untersuchungen zum »Body-mind«-Problem sich von vornherein nur auf den Menschen beziehen. Tierpsychologie und die Erforschung des Seelenlebens der Tiere innerhalb der Ethologie[84] sind vielen »Body-mind«-Autoren bis heute unbekannt.

Wir plädieren dagegen für einen Seelenbegriff, der den Tieren seelische Fähigkeiten zugesteht sowie ein Bewußtsein und Selbstbewußtsein, das ihren seelischen Dispositionen und Fähigkeiten entspricht.[85]

Nur ein Beispiel der psychologischen Selbstbeziehung: Der dressierte Hund kann seine Freßneigung zurückstellen, wenn ihm dies nahegelegt oder befohlen wird. Die eigene Nahrungsaufnahme wird zugunsten der Jungen zurückgestellt, der eigene

Sexualtrieb wird im Ranking der Horde aus Furcht vor der Wut des Herrn nicht praktiziert. Natürlich kann kein Tier das Dilemma noch einmal thematisieren, sondern nur unmittelbar erleben.

Wenn Tiere Lust und Schmerz empfinden, dann selbstverständlich nicht im Zustand der Narkose und der Ohnmacht, sondern des Bewußtseins. Bewußtsein in diesem Wortgebrauch ist nichts anderes als eine nicht weiter erklärbare psychische Präsenz mit bestimmten Inhalten. Das Beutetier ist dem Jagdtier präsent wie dem verwundeten Tier der Schmerz. Diese seelische Präsenz ist eine Naturtatsache bei Tieren und Menschen, ohne die das lebenserhaltende Empfinden von Lust und Schmerz nicht möglich wäre. (Was sagt eigentlich das Gehirn zu dem Unterschied zwischen einer schmerzenden und einer nicht schmerzenden Wunde, weil sie in der Bewußtlosigkeit außerhalb der Empfindung bleibt?)

Während bei lädierten Pflanzen ein Heilprozeß in Gang gesetzt wird, kann das Tier mit eigenen Maßnahmen auf die Wunde reagieren und ihr eine quasimedizinische Sorge zukommen lassen. Es handelt sich dabei um selbstbezügliche, im Wachzustand, d. h. bewußt, gesteuerte Handlungen der Tiere. Das gleiche gilt für die Akte der Reinigung – kein Kristall ist dagegen um den eigenen Erhalt besorgt, er heilt keine Verletzungen und reinigt sich nicht selbst, falls man den Berichten der Juweliere trauen darf.

Wenn in der neueren Literatur zum Bewußtsein vom Phänomen des unmittelbaren Vertrautseins mit unseren Schmerzen, Wünschen oder Ängsten gesprochen und dies als Dokument dafür genommen wird, daß sich das menschliche Bewußtsein nicht naturalisieren und auf Gehirnprozesse reduzieren läßt,[86] dann wird man hier anmerken, daß auch Tiere mit ihrem Schmerz, ihrer Angst, vielleicht auch ihrer Stimmung unmittelbar vertraut sind; wie anders sollen Freude, Verzweiflung oder Depression sonst möglich sein?

Wenn dies korrekt ist, dann gilt für Tiere wie für Menschen, »daß Körperliches mir als etwas Meiniges immer nur vertraut ist, sofern es durch Seelisches hindurch mir erschlossen ist, [...] daß uns der Körper als der unsrige gewiß ist nur in dem Maße, wie er selbst durch Seelisches hindurch an unserer Vertrautheit teilnimmt«.[87] Die Formulierung ist, wie man am gehobenen Duktus spürt, maßgeschneidert für den Menschen, aber die höheren Tiere passen auch hinein. Schmerz und Lust ohne Bewußtsein des Schmerzes und der Lust sind sowenig vorstellbar wie ein Berg ohne Tal, sie bilden eine analytische Einheit. Wenn es also Wesen gibt, die Schmerz und Lust empfinden, dann ist dies nicht ohne das ihnen korrespondierende Bemerken und Bewußtsein möglich. Dasselbe gilt für Vorstellungen, deren sich Menschen und Tiere im Wachzustand bewußt sein müssen, um sie vorstellen zu können.

Wird *das* Bewußtsein theoretisch als Substanz angesehen, dann gibt es neben der Materie *das* menschliche Bewußtsein als rätselhaften erratischen Block im Universum. Wir gestehen, unserem Bewußtsein als solchem trotz allen bewußten Nachdenkens bisher nicht begegnet zu sein.

Für das bewußte Seelenleben von Tieren und Menschen und das damit verbundene Selbstbewußtsein bilden die physiologischen Prozesse die notwendige, aber nicht hinreichende Bedingung. Sie formen emergente, komplexe Zustände, deren einzelne Artikulationen nicht auf das materielle Substrat zurückgeführt werden können. Es ist abwegig, die psychische Einheit, die bei der räumlichen oder zeitlichen Gestaltwahrnehmung von Tieren und Menschen erstellt wird, als materiell-physiologische Einheit im Gehirn verifizieren zu wollen. Es ist genauso abwegig, dem Subjekt des Bewußtseins und Selbstbewußtseins, dem ganzen Tier und dem ganzen Menschen, in einer Schlucht der Gehirnwindungen, der Neurone und Synapsen auflauern zu wollen.

Bevor wir hierzu noch weitere Plausibilitätserwägungen anstellen, eine grundsätzliche Zwischenbemerkung. Wir verteidigen die Annahme, daß auch Tiere über Bewußtsein und Selbstbewußtsein entsprechend ihren mentalen Fähigkeiten verfügen; der Mensch hat dasselbe bei erweiterten Fähigkeiten und kann darüber hinaus sein eigenes Bewußtsein und Selbstbewußtsein erkennend thematisieren. Hierbei verfahren wir mit der Tier-Seite so, wie wir es bei der Rede vom »Sehen« der Insekten tun; wir nennen ihre optischen Wahrnehmungsmöglichkeiten in bezug auf äußere Gegenstände »sehen«, obwohl ihr Auge anders gebaut ist als das menschliche; es führt jedoch zu demselben Effekt.

Wird der Name eines Hundes genannt, reagiert das gemeinte Tier anders als die übrigen Hunde im Raum; es identifiziert sich – sein Ich oder Selbst, wie die Menschen von sich sagen würden – mit dem aufgerufenen Tier. Warum soll man dem Tier das entsprechende affektive Ich-Bewußtsein absprechen? Es kann unter anderem nicht darüber nachdenken wie wir und sich selbst zum Gegenstand der Reflexion machen, es hat sicher keine Begleiterkenntnis: Ich und nicht die anderen, aber es muß das akustische Signal auf sich als den Gemeinten beziehen können. Diese individuelle Identifikation gibt es auch bei Tieren in der Wildnis, die nicht als Individuen domestiziert wurden. Kann man den Akt des Sichidentifizierens auf einen akustischen Anruf hin mit der optischen Selbstidentifikation vor einem Spiegel parallelisieren?

Tiere, die in stark hierarchischen Verbänden leben, geben Zeichen von Gewissensbissen, wenn sie gegen den Code verstoßen haben; Hundebesitzer berichten immer wieder von besonderen Gesten der Unterwerfung nach vollbrachter Untat. Man wird die heilige Zitadelle des menschlichen Gewissens, des Selbstbewußtseins par excellence, der *conscientia* aus dem Zeitalter der Kreuzzüge, ungern den Tieren überlassen; aber wie soll dieses selbstreflexive Verhalten gefaßt werden? »Herr, ich habe gesündigt!« Es liegt im tierischen Verhalten die Andeutung dessen, was wir als Verantwortung bezeichnen, denn der Hund zeigt sein schlechtes Gewissen nur, wenn er selbst der Übeltäter war und nicht der Kanarienvogel. Zu dieser selbstreflexiven Haltung sind nur Hordentiere, ehemalige oder jetzige, in der Lage, deren Gruppe hierarchisch organisiert ist; die Mäuse pfeifen dagegen auf jede Unterwerfung.

Es ist richtig von Konrad Lorenz gesehen worden, daß sittliche Vorstellungen des Menschen an biologische Grundlagen anknüpfen; aber der Mensch ist zur Selbst*erkenntnis* fähig und betritt damit eine neue intellektuelle und moralische Bühne, die sich selbst begründet.

Das Selbstgefühl oder Selbstbewußtsein ist bei Tieren sowenig wie bei den Menschen irrtumsimmun; Tiere können Phantomschmerzen erleiden, d. h., die betreffenden neuronalen Aktivitäten dauern trotz Amputation des schmerzauslösenden Beines an,[88] und sie können Sorgeimpulse fühlen, obwohl diese im Einzelfall gegenstandslos sind. So wurde eine Affenmutter beobachtet, die ein gestorbenes Kind tagelang mit sich trug.

Zum Selbstgefühl kommt die Selbsteinschätzung in der sozialen Hierarchie bei Tieren, die in gestuften Gesellschaften leben.[89] Manche Verhaltensformen deuten darauf hin, daß das soziale Selbstwertgefühl von Tieren verletzt werden kann.

Tiere nehmen dann eine Haltung ein, die man *mutatis mutandis* als Demut und Unterwerfung bezeichnen kann; vielleicht gibt es auch das Gegengefühl des Stolzes. So kann man möglicherweise bei Tieren, die in Rudeln oder Horden leben, von einem gehobenen Selbstbewußtsein bestimmter imponierender Individuen im Gegensatz zu ängstlich-verschüchterten Artgenossen sprechen, bezogen natürlich wie beim Menschen auf das jeweilige Sozialgefüge. In dieses Sozialgefüge können überraschend artfremde Wesen Eingang finden; so wird der Dompteur zum Alpha-Tier.

Nun bleibt eine Frage ungelöst: Was ist dieses Selbst des Tieres, auf das sich sein Selbstgefühl, sein Selbstbewußtsein und seine Selbstsorge beziehen? Am hilfreichsten beim Versuch einer Antwort ist meines Erachtens David Hume, der eine Trennung zwischen theoretischem und praktisch-emotionalem Selbst vornimmt. Vom menschlichen Selbst als Gegenstand der theoretischen Reflexion schreibt er im *Treatise of Human Nature*: »Ich meines Teils kann, wenn ich mir das, was ich als ›mich‹ bezeichne, so unmittelbar als irgend möglich vergegenwärtige, nicht umhin, jedes Mal über die eine oder andere bestimmte Perzeption zu stolpern, die Perzeption der Wärme oder Kälte, des Lichtes oder Schattens, der Liebe oder des Hasses, der Lust oder Unlust. [...] Wenn ich aber von einigen Metaphysikern, die sich eines solchen Ich zu erfreuen meinen, absehe, so kann ich wagen, von allen übrigen Menschen [wir ergänzen: und höheren Tieren, R. B.] zu behaupten, daß sie nichts sind als ein Bündel oder ein Zusammen *[bundle or collection]* verschiedener Perzeptionen, die einander mit unbegreiflicher Schnelligkeit folgen und beständig in Fluß und Bewegung sind.«[90] Aber dieser Befund gilt nur für den rein kognitiven Teil seiner Analyse, nicht mehr für die dann folgenden Untersuchungen der »passions« von Stolz und Demut, Liebe und Haß: Hier ist das Selbst präsent, und ohne dieses Selbst gäbe es keine gefühlsmäßigen Beziehungen in der menschlichen Gesellschaft.[91] Warum sollte man Tieren, die in einer bestimmten Sozialstruktur leben, dieses Selbst oder Ich, das stolz ist oder gedemütigt wird und sich im Oben und Unten der sozialen Hierarchie plazieren muß, das zugehörige Mitbewußtsein (die *syneidēsis*) im praktisch-emotionalen Kontext absprechen?

Das Selbst des Tieres, auf das sich sein Gefühl und seine Selbstsorge beziehen, kann nicht momentweise kommen und wieder verschwinden, sondern muß eine zeitliche Dauer besitzen und in ihr eine Identität etablieren; wäre das Selbst jeden Augenblick ein anderes, könnte sich die Natur die gesamte Psyche der Tiere ersparen. Nach Schlafphasen richten sich Gefühl und Sorge auf dasselbe Selbst wie zuvor. Zur Selbstsorge kann ein »Planen für die Zukunft« gehören; das entsprechende Verhalten läßt sich systematisch erforschen,[92] wiewohl von einem Planen und *der* Zukunft bei Tieren sicher nicht die Rede sein kann. *Die* Zukunft ist ein Kunstgebilde der neueren Menschen.

Nach den Erörterungen über die mangelnde Begriffsfähigkeit von Tieren wird man ausschließen, daß Tiere einen Begriff von sich haben; die Selbstbeziehungen vollziehen sich nicht propositional und nicht begrifflich. Umgekehrt beim Menschen: Wir können einen sehr genauen Begriff des Selbst entwickeln, bei dem jedoch offenbleibt, ob ihm etwas Wirkliches entspricht, so wie wir einen genauen Gottesbegriff entwickeln können und am Ende gestehen müssen, Atheisten zu sein.

Haben Tiere einen Willen? Die Frage scheint klar und deutlich zu sein, und man möchte sie mit einem Ja oder Nein beantworten; blättert man jedoch in den Philosophiebüchern, muß man erkennen, daß unser umgangssprachlich naturalisierter Wille eine problematische Geschichte hat – was z. B. Kant Wille nennt, ist Aristoteles und Platon fremd. So gerät die Frage, ob Tiere wollen können, in die mäandernden Bewegungen der Reflexionsgeschichte und läßt sich kaum noch mit einem klaren Ja oder Nein fixieren. Vielleicht kommt auch die Menschheit wieder in eine Phase der Selbstreflexion, in der man sich Gefühle, Reflexion, Einsicht und die Erkenntnis des Guten, das man möchte, gestattet, aber das »Ich will« von Menschen nicht mehr hören kann.

Die Antilope wollte fliehen, der Anblick der Raubkatze ließ sie jedoch innehalten; der Hund wollte zum Futter laufen, der Befehl des Herrn ließ ihn jedoch stehenbleiben. Wie werden die inneren Konflikte ausgetragen? In der neuen Reflexionsgeschichte wird der Wille gern mit dem Selbstbewußtsein verbunden, so in der ersten Monographie zum Bewußtsein und Selbstbewußtsein eines unbekannten Autors, *An Essay on Consciousness* (1728). Nach ihm ist der Akt des Wollens immer mit einer Selbstbewußtwerdung verbunden:

[...] it being, [...] a necessary and indispensible Condition of Willing anything, or of any voluntary Act whatever, that the Mind, at the very Time that it wills, should expressly regard and consider itself, as That which Wills, and hath a Power of Willing as it does. Tis manifest therefore that *Self*, or that which is *Conscious*, does, in exerting this Power, lead the Way; and so does begin the Motion, or is the Principle or first Cause of every volontary Act. And this particular and express Regard of itself, is the true Cause and Reason [...] why the Mind, in its Acts of *Willing*, is always thoroughly, and, as I may say, intensely *Conscious*: [...].[93]

Wenn der Wille an eine derartige reflexive Selbstbewußtheit, die die Spontaneität oder Freiheit garantiert, gebunden ist, hat kein Tier eine Chance, etwas zu wollen.

Soziales Leben in einer Medienwelt

Alle Tiere leben in lockeren oder engen Tiergesellschaften. Die Interaktion in den Gesellschaften wird durch Zeichen realisiert, die von den Artgenossen, aber auch von anderen Teilhabern an der Symbiose gesendet und empfangen werden.[94] Am berühmtesten ist der von Karl von Frisch 1923 entdeckte Bienenschwänzeltanz, der Auskunft gibt über Entfernung, Richtung und Qualität gefundener Blüten. Wir merkten schon an: Die Bienen vermitteln nicht die Information, daß es an einem bestimmten Ort *keine* Blüten gibt oder daß es irgendwo *früher* Blüten gab und vielleicht in Zukunft geben *wird*. In ihrer Tanz- und damit Signalordnung fehlt der Platz für etwas, was jetzt nicht oder überhaupt nicht der Fall ist.[95] Dasselbe gilt für den Gesang der Wale, für die körperliche Zurschaustellung wie auch die gestelzten Bewegungen und den Wettgesang, mit denen Tiere einander im Kampf um die Fortpflanzung umwerben. Die genannten Phänomene sind intraspezifische Zeichen, die unabhängig von der Frage, ob sie im Einzelfall mit der Intention der Wirksamkeit ausgesandt werden bzw. ob Intentionalität bei Tieren überhaupt möglich ist, wirksam sind.

Grundsätzlich kann alles, jedes Ding und jedes Ereignis im Himmel und auf Erden, der Regenbogen und die schwarze Katze, als Zeichen fungieren, und dies sowohl bei Tieren als auch bei Menschen. Die ausgesandten optischen, akustischen, haptischen usw. Zeichen wenden sich in der objektiven Zwecksetzung *der* Natur an andere Tiere, nicht an Mineralien und Pflanzen. Die Zeichen werden durch irgendeines der oben genannten Organe wahrgenommen und erregen die entsprechende Aufmerksamkeit. So ist es zwar nicht üblich, aber deswegen nicht falsch, bei allen Tieren von unterschiedlichen Mediengesellschaften zu sprechen – ein Tier, das sich in dem Wald voller Zeichen nicht auskennt, kann nicht überleben. Konrad Lorenz spricht ganz in diesem Sinne z. B. von »Plakatfarben«. Eine »Phänomenologie der Aufmerksamkeit« muß bei diesen Tierplakaten einsetzen und dann die ungeheuere Regression analysieren, der der denkende Mensch in der bunten und lauten Medienwelt der Gegenwart ausgeliefert ist. Während das Tier von Natur durch seine psychischen Dispositionen selbstbestimmt ist, erzeugt die zweite Natur des Marktes die Fremdbestimmung des Menschen durch die Kunst der Medien.

Zeichensendung und -empfang bilden sowenig eine Kommunikation wie unsere Reklame, denn der Rezipient antwortet nicht, sondern reagiert (nicht kausal-mechanisch, sondern psychisch). Tomasello unterscheidet sprachfähige Kinder von Kleinkindern und nichtmenschlichen Primaten: Der Lernprozeß gewährleiste, »daß das Kind versteht, daß es ein Symbol erworben hat [. . .]. Der Prozeß des Verstehens kommunikativer Signale, wie z. B. bei der gestischen Kommunikation von Schimpansen und vorsprachlichen Kindern, ist davon sehr verschieden, insofern hier jeder Teilnehmer seine eigene Rolle nur aus der eigenen Innenperspektive versteht«.[96] Wenn Bienen ihren Tanz aufführen, damit auch durch heftiges Auftreten um die Aufmerksamkeit ihrer Mitbienen werben und sie über das Vorhandensein von Paradiesen voller Blütenstaub informieren, dann ist nicht vorgesehen, daß sich die übrigen Bienen bei ihnen bedanken oder sonstwie mit ihnen kommunizieren – sie reagieren nur, indem sie sich auf den angezeigten Weg ins große

Magazin machen und von dort die Warenkörbe voller Blütenstaub nach Hause in die Kommune holen.

Die Erforschung ist von vornherein teleologisch geprägt: Wozu geben die Tiere dieses oder jenes Zeichen? Sodann auch: Wie funktioniert der neuronale Ablauf? Dieser letztere ist – darwinistisch – das Produkt der Evolution, so daß *causa efficiens* und *causa finalis* koexistieren können.

Und nun die entscheidende Frage: Handelt es sich hier um semantische Bezüge, oder sind die Zeichen nur indexikalisch zu verstehen? Indexikalisch hieße: kein dialogisches Prinzip und keine Referenz auf bestimmte Sachverhalte. Man denkt unwillkürlich an die Zeichen von Kleinkindern, die nicht miteinander kommunizieren können und die semantische Relation ihrer Äußerungen erst allmählich aufbauen. Aber auch an den *boēn agathos Menelaos*, den »im Schreien guten Menelaos« vor Troja: Es ist von Homer nicht festgehalten, ob Menelaos indexikalisch schreit, also aus Angst und innerer Spannung, oder gezielt, um die Trojaner zu erschrecken; dasselbe gilt für André Agassi, einen Tennisspieler der Neuzeit.[97] Der frei beabsichtigte Schrei kann sich an oder gegen jemanden richten, der kausal erzeugte blinde Schrei hat dagegen keine Absicht und keine Referenz, aber vielleicht dieselbe Wirkung wie der erste. Ghanzafar und Hauser verkünden den Fund der »referentiellen Kommunikation von Affen in ihrer natürlichen Umgebung«.[98] Die ausgestoßenen Laute der Tiere würden zwischen Angreifern wie Adlern oder Schlangen unterscheiden und – hier wird es prekär – die Artgenossen unterschiedlich warnen. Beides ist möglich; sie können aus bewußter Sorge ihren Schwestern und Brüdern mitteilen, daß und wodurch sie gefährdet sind; sie können aber auch rein kausal in unterschiedliche Angstzustände geraten und aus diesem Grund unterschiedliche Schreie ausstoßen. Die

Wirkung ist wieder dieselbe; der Wert des Fundes von Ghanzafar und Hauser tendiert damit gegen Null, denn über die Referentialität lernen wir bei ihnen nicht mehr als bei Homer.

Jedenfalls: Bei Sendern und Rezipienten gibt es wie bei anderen Verrichtungen thematische Einheitsbildungen. Es wird ein Nest als räumliche Einheit von bestimmter Gestalt gebaut: Das Nest ist mehr als die Summe seiner ungeordneten Zweige. Der Vogel muß eine irgendwie geartete Vorstellung von dem haben, wozu er die Zweige zusammenfügt. Eine zeitliche Zeichensequenz wird als Einheit gesendet und als Einheit von den Empfängern synthetisiert. Diese letztere Leistung muß individuell nachvollzogen werden. Jede Biene muß die Sequenz des Bienentanzes zu einer Einheit zusammenfassen, wie immer dies geschieht; man sollte also vorsichtiger sagen: In jeder Biene muß das zeitliche »Auseinander« zu einer planvollen Einheit zusammengefaßt werden. Die Einzelteile der Waben im Sechseck setzen eine Beziehung zum Ganzen voraus, wenn wir auch nicht annehmen können, daß sich die Biene ein Sechseck antizipierend vorstellt und es dann bewußt in der Realität nachbaut. Es gibt jedoch keinen Grund, Tiere aus dem Untersuchungsfeld der Gestaltpsychologie auszuschließen, wobei diese Gestalten, wie schon erwähnt, sowohl Raumphänomene des Sehsinns als auch des Hörsinns (z. B. die Gestalteinheit des Gesanges) und zum Teil des Tastsinns umfassen. Den Geruchssinn wird man hier ausschließen können.

Tierische Funktionen inklusive ihrer Zeichensysteme können nützlich oder schädlich sein – letzteres etwa, wenn Feinde herbeigelockt werden –, aber sie sind als solche niemals wahr oder falsch. Tiere irren sowenig wie die Maiglöckchen, die im Frühling zu früh blühen und vom Frost vernichtet werden. Hat die Sonne die Pflanzen getäuscht? Die dichtende Gärtnerin sagt: Ja, und sie täuscht sich; der Philosoph sagt: Nein, und erkennt die Wahrheit.

Tiere meiden den Schmerz und stehen zitternd vor dem Tierarzt, nach dessen Wertsystem der Schmerz bei einer Operation oder Extraktion usw. gut ist – erst mit dem menschlichen Denken, das in jedem Ja/Nein- und Wahr/Falsch-Urteil einen Geltungsanspruch gegenüber Dritten erhebt, gibt es Normen außerhalb der angenehmen oder unangenehmen Fakten der Natur. Nur der Mensch zittert *und* freut sich; er zittert vor dem Eingriff, und er freut sich, weil er in Kürze von den Schmerzen befreit sein wird. Aber Tiere kennen auf eine andere Weise das gemischte Gefühl von Lust und Schrecken, wie gleich gezeigt werden soll.

Tiere leben in einer arteigenen Medienwelt, aber diese bildet keine Öffentlichkeit. Werden die Zeichensendungen intentional auf die Artgenossen bezogen? Sind diese als Adressaten gemeint? Wenn ja, dann würden Tiere über eine Semantik ihrer Zeichen verfügen – im Gegensatz zum Fahrrad, das ratternd die Kette verliert, ohne die Absicht zu haben, dem Fahrer die Katastrophe mitzuteilen. Nichts zwingt dazu, die tierischen Zeichen durchgängig intentional zu deuten; sie haben sich entwicklungsgeschichtlich gebildet und erfüllen ihre Funktion. Dazu aber bedarf es lediglich einer Reiz-Reaktions-Struktur, deren Folge es ist, daß sich Artgenossen durch eine bestimmte Zeichensequenz, die außerhalb der Absicht des Zeichengebers lag, gewarnt oder angelockt sehen. Wenn Vögel bei ihren Gesängen das individuelle Kenn-Zeichen des Partners vor ihren eigenen Gesang stellen und sich dieser angesungen fühlt,[99] so ist hiermit keine intentionale Beziehung aufgebaut, sondern es genügt die Annahme eines assoziativ-monologischen Vorgangs im Verhalten des Sänger-Vogels. Weiterhin darf man sich nicht dazu verleiten lassen, von einem Ausschluß der übrigen möglichen Adressaten zu sprechen, also eine Negation anzunehmen. Der Vogel schließt die anderen Vögel außer dem einen sowenig aus, wie die Magnetnadel, die sich nur nach Norden wendet, die übrigen Himmelsrichtungen negativ ausschließt. Auf der anderen Seite sind situative Anpassungen an die wechselnde Präsenz der Artgenossen kaum ohne Intentionen denkbar; Griffin bringt dafür ein überwältigendes Material, spricht jedoch unkritisch vom Denken und von den Gedanken der Tiere.[100]

Auch die Kenntnis von Individuen der eigenen sozialen Gruppe bei Primaten und das Verstehen der sozialen Beziehungen fügen sich in den psychologischen Rahmen, in dem eine Urteilskompetenz nicht benötigt wird. Individuen werden durch ein intensives Syndrom von optischen, akustischen usw. Zeichen, d. h. Typen, erkannt; die Kenntnis von sozialen Beziehungen Dritter zwingt nicht zum Gebrauch von Bejahung und Verneinung, sondern es genügt der Aufbau von Zeichenrelationen.

Immer wieder beschreiben Ethologen animalisches Verhalten mit einem intentionalen Vokabular, etwa: »Die Katze sucht dem Hund zu entfliehen, indem sie auf den Baum klettert«. Aber wir müssen bei unserer Strategie bleiben, mit einem Minimum an mentalem Aufwand auszukommen. Das identische Etwas, das wir als Hund bezeichnen, ist im Katzenkopf ein relativ festes Syndrom von optischen, olfaktorischen usw. Eindrücken und ererbten Feind-Reaktionen, die sich ohne jede Intention einstellen und die durch eigene Erfahrungen gesteigert oder bis zur Nullgrenze minimiert werden können. Wir können also das intentional anmutende Verhalten vermutlich assoziationspsychologisch erklären und Semantik und Intentionalität aus den Katzenköpfen streichen.

Tiere leben in Medienwelten, die je nach Gattung und im Bereich von Symbiosen kongruieren, jedoch nicht als gemeinsame, objektive Welt bestimmt werden. Der Mangel der Fähigkeit, Objekte als Gegenstände des eigenen und fremden Begehrens zu erkennen, zeigt sich in der Unfähigkeit von Tieren, Objekte untereinander zu tauschen. Die Dinge werden allein oder in Konkurrenz begehrt, aber es gibt keine Möglichkeit, sie als solche, als begehrte Objekte, zu erkennen und das Begehren im Interesse beider auszusetzen, um sich auf einen Tausch zu einigen. Auch das Schenken ist als solches unerreichbar; das scheinbar ähnliche Phänomen bei der Aufzucht der Jungen geschieht auf einem anderen Weg als das Weggeben von Geschenken. Bei der Aufzucht von Jungtieren durch die Eltern oder ein Elternteil erweitert sich die Selbstsorge biologisch auf die neugeborenen Lebewesen, und sie werden insofern nicht als andere Individuen behandelt, wie dies im Akt des Schenkens vorausgesetzt wird.

Sind Tiere, die nicht einmal etwas gegen etwas anderes tauschen können, zur gegenseitigen Täuschung befähigt?

Täuschung, Mimikry

Die Täuschung ist das Paradepferd der Denkpartei: Natürlich können Tiere uns und einander täuschen, also können sie auch urteilen, denn sie setzen etwas voraus, was sie dann durch eine Finte negieren. Hier gibt es kein Halten der Tierfreunde, jeder kann eine Geschichte erzählen, wie die Tiere sich und die Menschen in freier Wildbahn und in der Wohnung täuschen.

Wir müssen zunächst der Täuschung einen Altar errichten, denn sie ist eines der wichtigsten Mittel zur Selbsterhaltung, das die Natur in die Welt gesetzt hat. Pflanzen täuschen Tiere, Tiere täuschen einander und damit auch die Menschen, und eine der ersten Kulturhandlungen des Menschen ist die Täuschung von Tieren, Menschen und Göttern. Der Gott des *Alten Testaments* täuscht seine Untertanen und stellt sie listig auf die Probe. In der Renaissance wird die *dissimulatio* zu einer für das Überleben notwendigen Strategie und ein entsprechend beliebtes Vortragsthema.[101] Goethe testiert den Deutschen, daß sie lügen, wenn sie höflich sind – wir täuschen einander schon beim Morgengruß über unsere wahre Gesinnung usw.

Eine Geschichte und Naturgeschichte der Täuschung müßte von der »molekularen Mimikry«[102] bis zur menschlichen Täuschung aller durch alle fortschreiten. Wie gelangen sie jeweils zu dem Effekt, den wir »Täuschung« nennen? So wie die Bewegung der Wale auf andere Weise ermöglicht wird als die der Vögel und Pferde, so kommen Pflanzen und Menschen auf unterschiedliche Weise zur Täuschung von Feind und Freund. Unser Interesse richtet sich jedoch auf die Frage, ob die Tiere hier eher den Pflanzen oder den Menschen ähneln: Sind die Verhaltensformen, die wir aus unserem Kontext gern als absichtliche Täuschung interpretieren, tatsächlich etwas anderes, nämlich Reiz-Reaktions-Formen ohne jede eigene, auf den Gegner gerichtete Intention?

Die beiden Varianten formuliert Carolyn A. Ristau im Hinblick auf das bekannte Verhalten von Regenpfeifern, die eine Verletzung des Flügels vortäuschen und so ein Raubtier, etwa einen Fuchs, vom Nest weg zu der vermeintlich leichten Beute locken. »Es ist vernünftig, das Verhalten der Regenpfeifer, die einen gebrochenen Flügel oder eine Verletzung vortäuschen, mit Begriffen eines absichtlichen Tuns zu interpretieren, das auch unter einer genetischen und Hormonsteuerung steht.

Diese letzteren sind wahrscheinlich Kausalfaktoren bei vielen Verhaltensformen von Menschen und Tieren. Es ist unwahrscheinlich, daß die Vorgabe einer Verletzung eine Täuschung darstellt, so daß der Regenpfeifer bewußt so tut, als hätte er einen gebrochenen Flügel. Es ist ein Verhalten, das dem Regenpfeifer zur Verfügung steht. [...] Das Verhalten kann als Täuschung aus dem Standpunkt von Mutter Natur konzipiert werden, d. i. aus einer evolutionären Perspektive. Es ist jedoch sehr gut möglich, daß andere Verhaltensformen von Vögeln wirkliche Täuschungen darstellen, wie eine wachsende Erkenntnis vermuten läßt.«[103] Für das Verhalten der Regenpfeifer wird also die absichtliche Täuschung nicht in Anspruch genommen, jedoch eingeräumt, daß es sie bei Vögeln doch wohl geben wird.

Zu dieser letzteren Alternative sehen sich auch Whiten und Byrne genötigt. In dem Aufsatz »Computation and Mindreading in Primate Tactical Deception«[104] ist das Thema die taktische (nicht strategische, angeborene) Täuschung der Aufmerksamkeit bei Primaten. Hier ist also die Aufmerksamkeit nicht nur die subjektive mentale Einstellung des Tieres, sondern auch das Objekt seiner Fremdwahrnehmung. Primaten erweisen sich nach der durch ein erdrückendes Material gestützten Meinung der Autoren als »natural psychologists«,[105] sie täuschen absichtlich. »An intentional system becomes the only parsimonious way of describing the animal.«[106] Der Begriff der Tierpsychologie ändert seine erste Bedeutung, gemäß der wir eine Psyche bei Tieren annehmen und diese Psyche als Tierpsychologen zu erkennen suchen. Jetzt heißt es, die Tiere seien selbst Psychologen und verfügten über Kenntnisse des Fremdpsychischen, so daß aus dem Objekt das Subjekt wird. Bei uns freilich wandelt es sich wieder zum Objekt, indem der menschliche, aber jetzt nur menschliche Tierpsychologe die vorgeblichen psychischen Kenntnisse der Tiere untersucht. Tomasello ist von seiner ursprünglichen Leugnung intentionalen psychischen Verstehens von Tieren abgerückt und jetzt der Meinung, Tiere verstünden Intentionen; dies werde z. B. in der unterschiedlichen Reaktionsweise dokumentiert, mit der Schimpansen in Versuchen auf das Nicht*können* oder Nicht*wollen* einer Person reagieren, die an einer Schachtel herumhantiert.[107]

Wie steht es also mit den Finten und Tricks der Tiere vom Hasen bis zu den Schimpansen? Richten sie ihre Manöver gegen einen Adressaten und geben ihm mit Absicht gezinkte Zeichen, oder setzt eine bestimmte Situation ein Reiz-Reaktions-Schema in Gang, das sich im Laufe der Evolution als Mittel des »survival of the fittest« bewährt hat?

Eine erste Schwierigkeit bei der Zuschreibung absichtlicher Täuschung erwächst aus der Überlegung, daß wir in einem langen Kulturprozeß gelernt haben, Körper und Seele zu unterscheiden, dort äußeres Handeln und Verhalten, hier innere Motivation und Seele; die Grenze verläuft in den verschiedenen Kulturen unterschiedlich. Es leuchtet sofort ein, daß Tiere diese Differenz nicht kennen. Alle Könnens-Zuschreibungen also, die diese Unterscheidung voraussetzen, sind höchst problematisch.

Was steht den Primaten tatsächlich zur Verfügung, um zu einem gewünschten Ziel durch absichtliche, adressatenorientierte Täuschung zu gelangen? Unser menschlicher Zugang zu einer natürlichen Psychologie ist dadurch erleichtert oder überhaupt erst möglich, daß wir in einer Sprache heranwachsen, in der psychische, also nicht sinnlich wahrnehmbare Zustände von Menschen benannt werden. Kein Tier kann auf diese Weise zwischen Körper und Geist oder Seele unterscheiden, sondern hat es mit Eigenschaftsbündeln zu tun, auf die es, wenn sie situativ auftreten, nach genetischen oder eigenen Erfahrungen stereotyp oder kreativ reagiert. Ein Feuerwerkskörper hat keine zornige Seele, vor der man sich künftig in acht zu nehmen hat, und der Zorn des Dompteurs oder des ranghöchsten Affen *zeigt* sich nicht in seinen subtil registrierten Ausdrucks- und Verhaltensänderungen, sondern er ist für das Tier notwendig identisch mit ihnen. Es ist, so wagen wir zu behaupten, in diesem Sinn Unsinn, von Tieren als natürlichen Psychologen zu sprechen, Tiere haben entsprechend keine Erkenntnis von notwendig inneren Intentionen anderer Tiere oder Menschen. Aber dies bedeutet wiederum nicht, daß die tatsächlichen Aktionen und Reaktionen, die die Tierpsychologen in ihren Studien verzeichnen, nicht stattfinden und damit auch deren Implikationen einzuräumen sind.

Der Mensch kann gezielt täuschen, indem er eine Situation im urteilenden Denken erkennt und Bejahung und Verneinung gegenüber Tieren oder Menschen so vertauscht, daß der Adressat einen anderen Eindruck als den der Wirklichkeit gewinnen muß. Wenn wir annehmen müssen, daß auch Tiere absichtlich zu täuschen vermögen, dann bleibt uns im Hinblick auf die dazu nötigen mentalen Operationen nur die wenig erfreuliche Ausflucht des *analogon rationis.* Um zu dem Ergebnis zu gelangen, das für uns eine urteilsgeleitete Täuschung darstellt und bei uns auf Überlegung beruht, verfügen Tiere über mentale Ressourcen, die wir nicht kennen, die aber zu ähnlichen Wirkungen führen wie unsere urteilsgesteuerten Handlungen. So im Fall jeder Absichtlichkeit, so im speziellen Fall der Täuschung.

Angenehmer Schrecken

Seit der Reflexion über die Aufführung von Tragödien wird über das Phänomen nachgedacht, daß der Zuschauer Lust am Schrecklichen verspürt. Der Schrecken gehört zum Attraktivsten, was die Menschen kennen, und zwar nicht nur in der distanzierten Form des Theaters, sondern auch in der Faszination der öffentlichen Hinrichtungen und der Zerstückelung der Verbrecher, der Schreckensszenen in den Medien und zum Erschauern aufbereiteten Berichterstattung terroristischer Attakken und den Friedenskriegen terroristischer Staaten. Das tangiert vermutlich kein Tier; Tiere reagieren auf Schreckliches mit Flucht und sind zu der komplizierten Seelenverkehrung einer Lust daran nicht in der Lage. Wir müssen jedoch unter bestimmten Bedingungen auch den Tieren offenbar ebendies zugestehen. Die Hauptbedingung ist die Spielfähigkeit des »als ob« zwischen Artgenossen oder auch zwischen Tieren und Menschen.[108] Herumtollende junge Hunde ebenso wie Kinder wollen mit größter Lust zum Schein erschreckt werden. Man kann das Experiment mit Kindern und Tieren beliebig wiederholen: Nichts erfreut sie bei diesem Spiel so sehr wie der durchsichtig fingierte Schrecken, der gespielte Angriff, die Attitüde des Feindes, der es nicht ernst meint. Wie kommen die Tiere und Kinder mit dieser Seelenverwicklung des angenehmen Grauens zurecht? Hier müßte die Darstellung von in *The Expression of the Emotions in Man and Animals* (1872) ergänzt werden (falls dies nicht schon geschehen ist), denn Darwin geht auf den Ausdruck fingierter Emotionen bei Tieren nicht ein, läßt aber auch bei Menschen die Schauspielerei beiseite.

Hier unterscheiden sich Kinder und Tiere in einer bestimmten Phase offenbar kaum voneinander. In vielen scheinbaren

Nebensächlichkeiten ist der Unterschied jedoch eklatant. Kinder nehmen z. B. schon im Alter von wenigen Monaten ein intensives Interesse an Dingen und Verhaltensformen, die kaputt sind oder von der Regel abweichen; die Aufmerksamkeit scheint sich wie bei Polizisten oder Wissenschaftlern auf das zu richten, was nicht in Ordnung ist, während es junge Tiere kaltläßt, wenn an der Tasse der Henkel fehlt, ein Hammerstiel zerbrochen, ein Kreis nicht ordentlich durchgezogen ist und der Tierwärter oder der Clown vor ihnen stolpert – für aufgeweckte Kleinkinder ist es dagegen der Quell eines unendlichen Vergnügens. Kein Tier begleitet sie in den Zirkus.

Sprechorgane

Wir verbinden Denken mit Sprechen und kennen eigentliche Sprechorgane nur beim Menschen, vielleicht noch beim Papagei; so bietet sich der Rückschluß an, das Denken bei den Lebewesen auszuschließen, die über keine geeigneten Sprechorgane verfügen. Dieser Rückschluß ist falsch und läßt sich durch ein empirisches Faktum widerlegen. Im Bericht über eine für die Sprachforschung neu entdeckte taubstumme Beduinengruppe *Al-Sayyid* heißt es: »Dieser Bericht enthält eine linguistische Beschreibung einer neuen und isolierten Sprache, einer Zeichensprache *[sign language]*, die spontan ohne jeden externen Einfluß in einer stabilen existierenden Gesellschaft geschaffen wurde. Wir haben herausgefunden, daß eines der wichtigsten organisierenden Prinzipien der Sprache, die grammatische Beziehung zwischen Subjekt (S), Objekt (O) und Verb (V), in einer Äußerung in einer sehr frühen Phase der Sprachentwicklung fixiert wurde. [...] Die *Al-Sayyid*-Beduinensprache ist in den letzten 70 Jahren in einer isolierten endogamen Gesellschaft entstanden. [...] Im Zeitraum von einer Generation nach ihrem Beginn hat sich eine systematische grammatische Struktur in der Zeichensprache entwickelt. [...] [D]ie sich herausbildende grammatische Struktur muß als unabhängige Sprachentwicklung und als Reflex einer Basis-Anlage zur Sprache im allgemeinen angesehen werden.«[109] Hier haben also Taubstumme eine eigene mimische und gestische Sprache entwickelt, die über die basale logische und grammatische Struktur menschlicher Sprachen verfügt. Funktionierende Sprechwerkzeuge der Menschen sind demnach keine notwendige Bedingung, das Denken in Urteilen auszudrücken, wie dies schon Descartes angedeutet hatte.[110] Die uns interessierende und alles entscheidende Frage lautet: Gibt es Zeichensysteme von Tieren, die die gleiche basale grammatische und logische Form haben? Offenbar nicht. Die physische Ausstattung anderer Primaten oder auch der Papageien hätte es ermöglicht, eine gestische oder auch lauthafte Urteilssprache zu entwickeln, aber dazu ist es nie gekommen. Unsere These ist: Sie konnten entweder aus physiologischen Gründen nicht zeigen (wie der Papagei), oder sie haben geschlafen, als der spätere *homo sapiens sapiens et modernus* hellwach und kühn in die Savanne vorstieß und den Geist für sich eroberte.

Tiere können nicht denken, unter Vorbehalt

Es gab und gibt tausend Sachen, die die Tiere nicht können. Sie können nicht lachen – so wissen es mittelalterliche Theologen und charakterisieren den Menschen als einziges *animal risibile*. Aber Fachleute – die Gelotologen – zählen das animalische »relaxed open-mouth display« zum Lachen.[111] »Kein Tier nämlich bringt eine Kugel hervor«, schreibt Nikolaus von Kues.[112] Aber Mistkäfer, so fällt einem ein, erzeugen doch Kugeln, und irgendeine Vogelart kann vielleicht auch ein rundes Nest und eine Erdratte eine runde Höhle bauen. Kein Tier kann malen – aber es gibt Bücher mit seelenerhebenden Aquarellen von Katzen und Schimpansen. *Homo faber?* Der Mensch als einziges »tool making animal«? Aber Tiere können Werkzeuge herstellen und mit ihnen hantieren, und sie können wütend werden, wenn mißlingt, was wir ihnen als Absicht unterstellen.[113] Aber vielleicht ist der Mensch der einzige, von der Scholastik als solcher übersehene Erdbewohner, der wütend wird, wenn die eigenen Kinder versagen oder die Angestellten und Untertanen; also wäre unsere trouvaille »animal iracescens de malo exitu actionum suarum *et* suorum« (ein Tier, das über den schlechten Ausgang seiner Handlungen *und* der Handlungen der Seinen wütend wird).

Aber auch hier kann die empirische Forschung eines Tages vielleicht genau diesen Typ von Wut bei antarktischen Schneemäusen belegen. Überprüfbar ist, daß Tiere keine Fahne von einem bunten Tuch unterscheiden können. Und Tiere können nach allen Indizien, die uns vorliegen, nicht denken.

Wir haben jedoch einen Fall bislang nicht erörtert, in dem das Denken in Urteilsform bei Tieren nachweisbar zu sein scheint, denn sie beherrschen, so die These, die Schlußform des *modus tollens*, also auch die Urteile, die in deren Prämissen und der *conclusio* benutzt werden: Entweder a oder b oder c; nun nicht a und nicht b; also c. Mäuse, so heißt es, haben »eine *anschauliche Vorstellung* vom richtigen Weg im Dressurlabyrinth«, und die Maus »*urteilt* [...] an jeder T-Stelle: dieser Weg ist richtig, die anderen beiden sind falsch. Solches Operieren mit Vorstellungen, Begriffen und Urteilen, die auf Anschauung beruhen, aber keine Namen tragen, weil eine Wortsprache fehlt, nennen wir *unbenanntes Denken*«.[114]

Die Denkoperation des *modus tollens* hat wie die anderer logischer Gesetze die Eigentümlichkeit, daß wir mit ihnen etwas *a priori* über die empirische Wirklichkeit sagen können. Wenn jemand von einem jetzt entdeckten viereckigen Kreis in Südamerika spricht, können wir ohne weitere Prüfung und eigenes Reisen sagen, daß es diesen Kreis nicht gibt, weil sein Begriff sich widerspricht. Wenn gilt, daß entweder a oder b oder c wahr ist, dann wissen wir vor aller Erfahrung, daß c wahr ist, wenn a und b falsch sind. Wer also wie unsere Exzellenzmaus c ungeprüft für wahr hält, wenn a und b falsch sind, verfügt (vermutlich) über den apriorischen, rein logischen Schluß des *modus tollens*. Dieser Schluß ist jedoch nicht möglich außerhalb eines Denkens, das sich in sprachlichen Urteilen artikulieren läßt; also müssen wir den Wesen, die über das apriorische syllogistische Wissen verfügen, Urteile und damit auch Begriffe zugestehen. Da Tiere jedoch nach allen Indizien nicht über Begriffe und Urteile verfügen, können sie nicht im *modus tollens* schließen.

Wir können keine »Begriffe und Urteile, die auf Anschauung beruhen«, ins Spiel bringen, weil sie schlicht widersprüchlich sind; die Formulierung »auf Anschauung beruhen« suggeriert eine Sachhaltigkeit, die sie nicht hat. Wenn wir eine logische Operation durch ein Schaubild veranschaulichen, dann ist es als solches nur für den Betrachter verständlich, der über die logische Begrifflichkeit verfügt. Die Anschauung selbst unterscheidet nicht zwischen einem Abschiebebahnhof und einem vorgeblich logischen Schema.

Wir können in den genannten Fällen eine Gegenprobe machen, indem wir beliebige Situationen konstruieren, deren Lösung nur durch den logischen Schluß des *modus tollens* möglich ist; die Tiere versagen, weil sie nicht über die urteilsabhängige Schlußoperation verfügen. Umgekehrt wird man die angeführten Fälle genauer untersuchen müssen, als es in den Beschreibungen geschieht. Etwa: Die Maus urteilt nicht, indem sie an der T-Stelle zwei Wege explizit als falsch verwirft und *a priori* den dritten wählt, sondern sie folgt einem eintrainierten Schema, das die eine Piste mit einem Lohn, die anderen beiden mit Strafe versieht und so ein bestimmtes Verhalten vorprogrammiert. Oder beim antiken Hund, der ein Beutetier auf dem Weg c angeblich aus dem rein logischen Grund verfolgt, weil a und b auszuschließen sind – folgt er nicht doch bei c dem Geruch der Spur auch jenseits des Wassergrabens? Wie hoch ist die Quote derjenigen Tiere, die beim ersten Versuch zögernd stehenbleiben, wenn a und b verschlossen sind? Skepsis ist angebracht, weil die Berichterstatter seit der Antike am Ungewöhnlichen interessiert sind und heute zusätzlich Drittmittel einwerben müssen, die leichter zugänglich sind, wenn die Öffentlichkeit das Ergebnis bestaunen wird.

Wenn die Wege der nüchternen Prüfung erschöpft sind und doch allein ein glasklarer *modus tollens* übrigbleibt, wird man lieber ein für uns nicht zugängliches *analogon rationis* anführen wollen als ein widersprüchliches »anschauliches Denken«.

Kein Tier ist frei

Die Fliege, der wir den Weg aus dem Glas zeigen und die sich schon vorher davongemacht hat, verfügt über eine größere Bewegungsfreiheit als zuvor, desgleichen jedes andere Tier, das aus einem Käfig entlassen wird. Aber weder bei Fliegen noch bei

Primaten gibt es, soweit wir erkennen können, die Möglichkeit, in einer Alternative das Pro und Contra mit Gründen zu erwägen und aufgrund dieser Erwägung eines von beidem zu wählen. Der Hund mag perplex stehenbleiben im Zwiespalt zwischen Befehl und Begierde, aber er kann die Gründe für das Befolgen des einen oder des anderen nicht objektiv vorstellen, prüfen und danach seine Entscheidung nach bestem Wissen und Gewissen treffen. Wenn Sokrates seine Lage im Gefängnis überdenkt und zu dem Ergebnis kommt, daß er mit Hilfe der Freunde fliehen kann, ist er aufgrund seiner sittlichen Überzeugungen nicht frei, die Möglichkeit ernsthaft zu wählen; er sitzt in einem doppelten Gefängnis, dem der Stadt Athen und dem seiner eigenen unabänderlichen Überzeugung, daß es besser ist, Unrecht zu erleiden, als Unrecht zu tun. Die Reflexion stellt ihm jedoch vor, daß es an ihm liegt, zu bleiben oder zu gehen, wenn Freunde ihm die Flucht ermöglichen, und daß Faktoren, die nicht mehr in seiner Gewalt sind wie die eigene Überzeugung, eine der beiden Wahlmöglichkeiten eliminieren; sein Verbleiben ist äußerlich identisch mit dem Verbleiben des treuen Hundes bei seinem Herrn, der Hund jedoch verfügt nicht über die Reflexionsfreiheit, die ihm das »ich könnte anders« zuspielt. Der Hund wird durch starke Assoziationen am Weglaufen gehindert, Sokrates durch überstarke Gründe. Die Assoziationen zwingen den Hund zu seinem Verhalten, Sokrates kann seine Gründe, die er in freier Abwägung überzeugend fand, verteidigen und sie bei guten Gegenargumenten revidieren.

Michael Pauen will in seinem lehrreichen Buch *Was ist der Mensch? Die Entdeckung der Natur des Geistes* zeigen, daß sich Freiheit des Wollens und Handelns einerseits und Determinismus andererseits nicht widersprechen. Von der Freiheit als Selbstbestimmung entwickelt er einen Minimalbegriff mit zwei

Kriterien. Erstens: »Eine Handlung kann nämlich nur dann als frei bezeichnet werden, wenn sie nicht unter Zwang und äußerer Determination zustande kam.«[115] Hier dient die gute alte Pistole an der Schläfe als Beispiel eklatanter Freiheitsberaubung und damit von Zwang und äußerer Determination. Das zweite Kriterium soll dagegen die Selbstbestimmung versus Zufall sein: Kommt eine Handlung zwar nicht durch äußeren Zwang, jedoch durch inneren Zufall zustande, ist sie ebenfalls nicht frei; ein Beispiel wäre, daß sie »das Produkt einer zufälligen neuronalen Entladung im Gehirn ist«.[116] Das (doch räumliche) Gehirn gehört also schon zum Inneren, und hier wird die Freiheit durch einen Zufall verhindert. Wenn weder äußerer Zwang noch innerer Zufall die Handlung verursachen, bleibt nur die somit freie Selbstbestimmung; an die Stelle von äußerer geladener Pistole und innerer neuronaler Entladung tritt »das Prinzip der Urheberschaft«.[117] Gut, aber dann sind die sich selbst nach eigenen Vorstellungen bewegenden Tiere, wenn man nur Zwang von außen und Zufall im Gehirn bei ihnen ausschließt, frei: Sie sind selbst Urheber ihrer herumtollenden oder geradlinigen Bewegungen. In cartesisch-idealistischer Tradition interessiert sich Pauen jedoch nicht für das Seelenleben der Tiere und den spezifischen Unterschied ihrer Selbstbestimmung von der menschlichen. Wenn er meint, das Wesentliche der positiven, gegen die Zufälligkeit gerichteten Freiheit liege darin, daß der Mensch für seine freie Handlung verantwortlich gemacht werden könne,[118] wird man replizieren, daß Hunde- und Pferdezüchter selbstverständlich ihre Tiere für ihr Handeln verantwortlich machen und entsprechend loben und tadeln, nicht die Schaufel, sondern dieses individuelle Tier, das sich auf bestimmte Weise verhalten soll oder nicht soll.

Im Hinblick auf körperliche Bewegungsfreiheit gibt es keinen Unterschied zwischen Tieren und Menschen. Innere Freiheit ist jedoch an die mentale Urteilsfähigkeit gebunden, die von Tieren nach unserer Kenntnis nicht erreicht wird.

Von der Freiheit des Menschen

Komplexitäten. Warum wir erst anfangen, die Welt zu verstehen, lautet der Titel des oben erwähnten Buches von Sandra Mitchell. Die Autorin wendet sich darin gegen Erklärungsversuche der Welt als eines Systems, das nur eine Erklärung zuläßt. Das Beispiel hierfür ist die Newtonsche Physik. Sie sei an verschiedenen Phänomenen gescheitert und mache einem Konzept Platz, gemäß dem die Welt komplex im Sinn emergenter Phänomene sei und die Theorien ihrerseits nicht mehr in einander ausschließender Konkurrenz gesehen werden, sondern in koexistierender Pluralität. Das Buch will die Eigenschaften eines neuen Ansatzes formulieren, mit dem sich besser erkennen läßt, was als zuverlässiges Wissen über unsere komplexe Welt gelten darf. Zu der neuen Erkenntnismethode gehören Pluralismus, Pragmatismus und die Dynamik des Wissens.[119] Implizit vorausgesetzt ist die Einheit und Identität dessen, was mit dem Wort oder Begriff »Welt« erfaßt wird: Diese eine Welt, in der wir leben, nicht eine der vielen möglichen Welten, die sich Leibniz zur Zeit Newtons ausgedacht hat.

Das neue Verstehen assimiliert sich offenbar der Komplexität seines Gegenstandes, der Welt. Wenn also im Titel von »Welt« und »wir« gesprochen wird, dann stehen sich nicht zwei Entitäten, Subjekt und Objekt, gegenüber, sondern das plurale Subjekt ist in die komplexe Weltform integriert. Daher »integrativer Pluralismus«. Der Determinismus, mit dem noch Pauen rechnete, ist einer neuen emergenten Welt gewichen, damit aber scheint die alte Opposition von determinierter Welt und freiem Menschen aus dem Weg geräumt.

Nun möchte man wissen, ob das Unternehmen Sandra Mitchells auch konsequent beschrieben werden könnte als eine neue Form der Selbsterkenntnis der Welt. Der Titel könnte dann lauten: *Warum die Welt erst jetzt anfängt, sich selbst zu verstehen*. Dann ist ein Satz wie folgender kein *lapsus linguae*: »Die Welt ist ein reichhaltiges, vielgestaltiges, verwobenes Gefüge aus vielen Erklärungen und Erklärungsebenen, die integriert werden müssen, um zur Grundlage für effiziente Voraussagen und Handlungen zu werden.«[120] Hier geraten wir in ein idealistisches Totum, in dem das Theoriesubjekt sein Objekt, die Welt, in sich absorbiert. Die Welt ist, was von ihr gedacht wird, könnte man etwas altertümlicher sagen. Umgekehrt ist dies natürlich nicht die Position einer amerikanischen Autorin im Jahr 2008. »[S]eit dem 17. Jahrhundert besagt eine Grundannahme der Naturwissenschaft, daß Erklärungen sich nur auf die Eigenschaften und das Verhalten materieller Substanzen beziehen können. Diesem Grundsatz stimme ich zu. Es gibt aber für die Emergenz auch andere Interpretationen, die nicht im Konflikt mit dem Materialismus stehen und dennoch zeigen, daß eine einfache Reduktionsstrategie nicht ausreicht.«[121] Hier wird also die Welt von ihren Interpretationen getrennt. Ist das Subjekt der Theorie der Welt ein Teil dieser Welt? Sind die Komplexitäten der Theorie mitgemeint, wenn in ihr von den Komplexitäten der Welt gesprochen wird? Systematisch ergibt sich folgende Alternative:

These: Wir sind ein Teil der Welt, physisch und mental, und wenn wir die Welt besser verstehen, ist dies ein Fortschritt im

Selbstverständnis der Welt. Ein »Ich« oder »Wir« in einem außerweltlichen Sinn gibt es nicht.

Gegenthese: Wir sind theorietreibend kein Teil der Welt, sondern bestimmen sie als unser Objekt, jetzt befriedigender als bisher. Die Komplexität der Welt wäre dieselbe, wenn sie nicht erkannt würde.

Zur *These:* Die Theoriebildung von Newton und Mitchell ist Teil der Zivilisationsgeschichte der Menschheit und gehört neben den Sternsystemen und Tieren und Pflanzen zum Weltinventar. Erst der neue, zu hohen Komplexitäten sublimierte Materialismus zeigt sowohl die Möglichkeit als auch die Wirklichkeit des in die komplexe Welt integrierten Subjekts, des »ich« oder »wir«. So ist tatsächlich jede neue Theorie über die Welt zugleich ein Teil dieser Welt. Die Welt macht Fortschritte im Prozeß ihrer Selbsterkenntnis, verkündet in dieser Version Sandra Mitchell, im Namen der Welt.

Zur *Gegenthese*: Es spricht vieles dafür, daß nur die Gegenthese haltbar ist.

Wenn es heißt, Newtons Theorie sei unzulänglich, dann trennt Mitchell so wie alle Theoretiker vor ihr zwei Sachverhalte voneinander. Einmal gibt es die Folianten der unterschiedlichen Newton-Ausgaben, die die Fliegen umkreisen, ohne ein Wort zu verstehen, selbst wenn sie ins Innere der Bände vordringen. Zum anderen gibt es die Theorie, die nur Menschen verstehen; sie entdecken bei der Lektüre die besagten Irrtümer nicht der damaligen Welt, sondern Isaac Newtons und seiner Vorgänger. Die Gravitationstheorie mag relevant gewesen sein für Eingriffe in die Welt, aber das meint Mitchell nicht, sowenig wie sie ihre neue Diagnose der Komplexität der Welt deswegen als deren Teil begreift, weil die Theorie zur praktischen Weltveränderung führt.

Ein zweiter Grund, an der Differenz von Welt und Ich oder Wir festzuhalten, liegt an folgenden unterschiedlichen Eigenschaften der Welt und der Welttheorien. Es wird von niemandem bestritten, daß beide sich in einem Prozeß der Evolution befinden, aber zugleich wäre es der erste Schritt in Richtung Bedlam, wollte man diese beiden Prozesse verbinden oder gar identifizieren. Die Wissenschaftsentwicklung hat sich in ihrem Selbstverständnis aus der Weltentwicklung ausgeklinkt, ob wir dies nun verstehen oder nicht. Ernst Mayrs Titel *Die Entwicklung der biologischen Gedankenwelt*,[122] ursprünglich *The Growth of Biological Thought*, assimiliert zwar spielerisch die Erkenntnis und ihr Objekt, stellt auch in der Betonung der Ländergrenzen im Theorietransfer einige sachliche Gleichheiten fest, will aber natürlich nicht das eine mit dem anderen gleichsetzen.

Die Tierpsychologie und unser Fühlen und Wollen gehöre als Teil zur komplexen Welt und ihrer Entwicklung, es gibt jedoch keine Möglichkeit, die Theoriebildung des Menschen in die Determinationszusammenhänge der Weltevolution, und seien sie noch so komplex und emergent, als einen synchronen Teil von ihnen zurückzubinden. Unsere Theorien können falsch oder unzureichend sein, nicht aber die Welt als simpler oder komplexer Gegenstand dieser Theorien. Der Weltzustand zur Zeit Newtons und Linnés war nach den notwendigen Annahmen von Mitchell ebenso komplex wie heute, er kann also nicht die Ursache für die relative Simplizität der Gravitationstheorie und die Raffinesse der Nachfolger sein – der Natur oder Welt, so wird man annehmen dürfen, ist dieser Wechsel gänzlich unbekannt und folglich nicht einmal gleichgültig.

Wer über diesen hier zu lesenden Satz nachdenkt, fühlt sich in seiner Gedankenbildung unweigerlich frei. Dieser Selbstbefund ist dann keine Illusion, wenn die Emergenztheorie von

Psyche und Geist den Raum zur freien Theoriebildung eröffnet. Sowenig wie der Zustandswechsel des Wassers von flüssig und fest in den einzelnen Atomen oder Molekülen bestimmt oder realisiert wird, so wenig kann das physiologische Substrat des Denkens, das Gehirn, die Erkenntnisurteile determinieren.

Darüber hinaus zeige man, welche Hirnteile die reflektierte Bejahung oder Verneinung determinieren könnten, welche Neurone und Synapsen die Theorie hierhin und dahin lenken, von Newton zu Mitchell, und wir räumen das Feld, ungläubig, aber geschlagen. Laut Berichten aus der Hirnforschung lassen sich zwar emotionale und voluntative Prozesse und Entscheidungen im Gehirn ablesen, aber niemand hat die Theoriebildung im Gehirn verfolgt – weil sie sich dort nicht findet. Das denkende Selbst kommt in seinem Gehirn, einem Teil der Welt im eigenen Körper, nicht vor, sondern wird nur durch seine emergenten Zustände ermöglicht. Andernfalls würden die emergenten Hirnzustände sich selbst entdecken und dann die Ergebnisse ihrer Naturerkenntnis nicht mehr umständlich publiziert, sondern als Hirnfoto verteilt. Da mag der Geist sehen, wie er darauf noch antworten kann.

Die Antwort lautet: Die Forschung folgt ihrer inneren Logik, wenn sie sich das Ziel setzt, das Denken und Erkennen gänzlich als emergenten Zustand des Gehirns zu erklären. Sie kann dieses Ziel sowenig erreichen, wie der Hase den listenreichen Igel in seiner Doppelrolle zu überholen vermag; »ick bün all da«[123] – das Ich des erkennenden Subjekts ist immer schon da und läßt sich nicht als bewegter Teil der Natur begreifen. Die menschliche Erkenntnis ist so beschaffen, daß dies ihr Schluß ist.

Lärm im Flur, der Papagei im Käfig ruft: »Die Kinder kommen!« Ein perfektes Urteil: Es referiert auf etwas außerhalb seiner selbst, es ist negationsfähig und wahr oder falsch, und trotzdem wird man der Meinung sein, daß das Urteil vom Tier (nicht von seinem Schnabel, nicht von seinem Gehirn) zwar zur rechten Zeit geäußert wird, der Vogel jedoch nicht selbst denkt und urteilt.

Der Papagei ist zweifellos in der Lage, seine Äußerung als gestalthafte Einheit zu begreifen; er beginnt korrekt mit dem Anfang und ist still, wenn er das Ende erreicht hat.

Der Papagei könnte sich in einem Anfall von Hochmut auf die transzendentale Apperzeption des »Ich denke« bei Kant[124] berufen wollen, aber hier fehlt ihm offensichtlich die Bescheidung – der Papagei kann, soweit wir sehen, nicht denken. Was fehlt ihm? Das Urteil als Äußerung des Denkens muß in seinem Ursprung nicht nur als einheitliche Wortfolge durch äußere Umstände veranlaßt und psychisch (oder auch durch einen Computer elektronisch) produziert, sondern spontan hervorgebracht werden. Die spontane Erzeugung zeigt sich darin, daß das denkende Subjekt auf eine neue Situation reagieren kann und zu urteilen vermag: »Die Kinder kommen nicht!« Es äußert diese Negation, ohne daß ihm das negative Urteil vorher gesondert beigebracht wurde. Und eben hierzu ist kein Papagei und, wenn nicht alle Anzeichen trügen, auch kein anderes Tier in der Lage. Das denkende Subjekt kann dagegen auf die neue Situation eingehen und adäquat oder nicht adäqat reagieren und sich entsprechend bejahend oder verneinend äußern, ohne dafür gesondert präpariert zu sein. Sowohl die Äußerung als auch die Umstände, die das Urteil veranlassen (nicht: erzeugen!), unterliegen einer kritischen Überprüfung, auch diese können wir wiederum nicht als den Vollzug eines eingeübten Rituals wie beim Papagei auffassen, sondern als Produkte der Spontaneität des menschlichen Subjekts. Diese Spontaneität ist nicht weiter erklärbar, sondern kann nur als Faktum unterstellt werden; wer anderer Meinung ist, macht von ihr Gebrauch. Eine ihrer Voraussetzungen ist sicher die animalische Fähigkeit der Selbstbewegung, die von der mechanischen Bewegung der Kompaßnadel spezifisch unterschieden ist und als psychologische Vorstufe in der naturgeschichtlichen Genealogie der geistigen Spontaneität angesehen werden kann. Wir finden diese letztere in der situativen Fähigkeit, bei einer Urteilsbildung sowohl die Bejahung wie auch die Verneinung zu vollziehen, je nach der Einsicht in die Gründe oder die Lage, in der sich das denkende Subjekt zu befinden glaubt. Mit der Naturgeschichte der spontanen Denkfähigkeit, die eines der Themen des vorliegenden Buches war, wird nicht der Anspruch erhoben, das urteilsmäßige Denken erklärt zu haben, wir konnten jedoch zeigen, daß dieses Denken weder das Produkt von Hirnwindungen noch die Eingebung eines Gottes sein muß.

Für den Materialisten ist das alles unvorstellbar, aber daran ist er selbst schuld.

Anmerkungen

1 Einleitung

1 H. S. Terrace (1985), S. 113, spricht von der »venerable question ›Can an animal think?‹«. – Soweit Zitate aus fremdsprachigen Publikationen übersetzt sind, stammt die Übersetzung, wenn nicht anders vermerkt, von mir; R. B.

2 N. J. Mulcahy und J. Call (2006).

3 Hier wie in den übrigen Fällen wird nicht behauptet, daß die genannten Fähigkeiten allen Tieren zukommen.

4 Dazu besonders D. R. Griffin (1990).

5 D. Hume (2007), S. 118-120; siehe auch S. 211-213 (»Of the pride and humility of animals«) und S. 255 f. (»Of the love and hatred of animals«). Vgl. auch D. Perler und M. Wild (Hg.) (2005), S. 7.

6 J. Locke (1962), Bd. II, S. 422 – *Über den menschlichen Verstand* Buch IV, Kapitel 20, § 5.

7 D. R. Griffin (1990).

8 Die generelle Maxime, tierische Handlungen nicht als Resultat der Ausübung höherer Vermögen zu interpretieren, wenn sie auch als Resultat eines niederen Vermögens erklärbar sind, entspricht dem »Morgan Canon«; siehe J. L. Bermúdez (2003), S. 6-12.

9 Vgl. unter anderem A. Baumgarten (1982), S. 236 und S. 238 – *Metaphysica*, § 640 und § 647.

10 Es sei hier gleich festgehalten, daß an keine Körper-, Seelen- und Geistsubstanzen gedacht ist, sondern die Wörter oder Begriffe sich nur auf Funktionen und deren Ermöglichungsgrund beziehen. »Es gibt« wird gebraucht im Sinne eines naiven pragmatischen Realismus, dessen sich auch der radikale Konstruktivist bedienen muß, um widersprechen zu können. *Wie* Körper, Seele und Geist (als Emergenzstufen?) möglich sind und ineinanderwirken können, ist nicht Thema des Buches; *daß* sie in unserem pragmatischen Zugangsbereich in einer Wechselwirkung stehen, ist für jeden, auch den theoretischen Zweifler, evident.

11 B. Libet (2004) schreibt: »Nach der traditionellen Vorstellung des bewußten und freien Willens würde man erwarten, daß der be-

wußte Wille [...] dem Gehirn befiehlt, die beabsichtigte Handlung zu vollziehen.« (S. 272) Aber wer hat solchen Unfug je geschrieben? Libet selbst nimmt an, daß es eine mentale Möglichkeit des Menschen gibt, die neuronal vorbereitete Willensbewegung »aufzuhalten oder zu verhindern«. (Ebenda, S. 277)

12 »Pragmatische« Gewißheit soll das Wissen umfassen, an dem zu zweifeln närrisch ist, auch wenn man es nicht strikt beweisen kann. Im 17. und 18. Jahrhundert wurde von einer moralischen im Gegensatz zur mathematischen oder metaphysischen Gewißheit gesprochen. Diese moralische Gewißheit hat nichts mit Ethik zu tun – entgegen D. C. Dennett (2005), S. 391. – Die rein geistigen Möglichkeiten des Denkens und Erkennens des Menschen, die als dritter Teil folgen, gehören auch zum Psychischen und müssen entsprechend bereits in diesem zweiten Teil angeführt werden.

13 Vgl. J.-K. Zubieta u. a. (2005), S. 7754: »Placebo effects [...] represent an instance in which neural processes, through positive cognitive expectations, influence physical and neuropsychiatric states, a veritable example of ›mind-body‹ interactions.«

14 Vgl. die kritische Analyse von C. M. Heyes (1995).

15 A. Trewavas (2003) S. 2. Die Intelligenz der ganzen Pflanze und des ganzen Tieres bemesse sich an dem Ziel »to optimize fitness«.

16 A. Dihle (1985), S. 36.

17 H. Cruse (2004).

18 S. Mitchell (2008), besonders S. 47 ff.

19 Besonders deutlich zeigt die Stufung Aristoteles in *De anima* III 4.

20 J.-J. Rousseau (1959 ff.), Bd. III, S. 142; bei Rousseau ist diese Aussage jedoch stärker auf das Moralische bezogen.

21 »Umwelt« ungefähr im Sinne Jakob von Uexkülls, siehe zur Einführung J. von Uexküll (1980).

22 W. Singer (2001), S. 19.

23 S. Mitchell (2008), S. 77.

24 L. A. Shapiro (1998), S. 244.

25 Ebenda, S. 245.

26 D. Radner (2005), S. 425.

27 Vgl. I. Kant (1900 ff.), Bd. IV, S. 395 f. (*Grundlegung zur Metaphysik der Sitten*, 1. Abschnitt).

28 Vgl. D. C. Dennetts Unterscheidung von physikalischer und dann funktionaler und intentionaler Einstellung; die letztere nimmt an,

daß das bestimmte Lebewesen selbst Zwecke setzt (D. C. Dennett [1992]); R. Millikan (2005), S. 201 ff.

29 F. de Waal (2006), S. 266; vgl. die überzeugende Kritik von F. Cimatti (2000), S. 91 f., an de Waals Moralisierung tierischen Verhaltens.

30 Dazu in den *Novelas ejemplares* die Erzählung »Rinconete und Cortadillo«.

2 Was heißt »denken«?

1 R. Andersen (2004), S. 162.

2 J. R. Searle (2005), S. 132.

3 Ebenda, S. 139.

4 M. Wild (2008), S. 79-84, weist auf Schwierigkeiten der Annahme eines Denkens ohne Sprache hin, geht jedoch nicht auf das Faktum der Übersetzbarkeit der menschlichen Sprachen ein.

5 Siehe J. R. Searle (2005).

6 Frank Rösler (Marburg) weist mich in einem Brief darauf hin, daß man »mit neurowissenschaftlichen Werkzeugen die sequentielle Abfolge von ›Schritten‹, z. B. bei Rechenaufgaben oder anderen Denkvorgängen nachweisen« könne. Ob dies dem Desiderat einer 1:1-Abbildung von Urteilen entspricht, kann ich nicht beurteilen.

7 Zu einigen weitergehenden Problemen vgl. R. Millikan (1986), S. 221-236: »›Not‹ and ›All‹: Two More Kinds of Indefinite«. Zur Tradition der Urteilstheorie vgl. G. Gabriel (2001).

8 M. Tomasello (2002), S. 56.

9 G. F. Marcus (2006), S. 1117.

10 Unter anderem Aspekt N. Luhmann (1997), S. 222 f.: Der Gebrauch von Negationen führe nicht zu einem Widerspruch. »Er öffnet vielmehr nur einen Kontingenzraum, für den in der Kommunikation zu unterstellen ist, daß alles, was bejaht wird, auch verneint werden kann und umgekehrt. [...] Da in der Außenwelt nichts Negatives [...] existiert, läuft die Codierung der Sprache auf eine Verdopplung der Aussagemöglichkeiten hinaus.«

11 Vgl. G. Frege (1967), S. 368: »Dinge der Außenwelt? Diese küm-

mern sich um unser Verneinen gar nicht«. Wir schränken ein: in unserem pragmatischen Dingverständnis.

12 Hier ist in der europäischen Denktradition eine Verwirrung dadurch entstanden, daß G. W. F. Hegel in einer rein spekulativen Logik die Widersprüchlichkeit des Seienden annimmt. In einem der Kultbücher des Widerstandes gegen das widersprüchliche Seiende steht geschrieben: »Wenn der Baum nicht mehr bloß als Baum, sondern als Zeugnis für ein anderes, als Sitz des Mana angesprochen wird, drückt die Sprache den Widerspruch aus, daß nämlich etwas es selber und zugleich etwas anderes als es selber sei, identisch und nicht identisch.« (M. Horkheimer und Th. W. Adorno [1947], S. 26) Platon handelt hierüber ausführlich in der *Politeia* und im *Sophistes* und korrigiert den Irrtum der Nachfahren.

13 Dazu M. S. Dryer (1996); es werden in der Funktionsordnung von Subjekt, Objekt und Verb die unterschiedlichen Abfolgen in den verschiedenen Sprachen registriert. Die Negation wird nur marginal im Hinblick auf ihre Position in den Varianten OV und VO erwähnt, siehe ebenda, S. 1063. Unsere These lautet, daß natürliche Sprachen nur durch die Teilnahme an der analysierten Struktur ineinander übersetzbar sind, wie immer sie faktisch artikuliert sein mögen.

14 Frank Rösler (Marburg) ist der Meinung, das Problem lasse sich durch eine Hierarchisierung der physiologischen Repräsentationsebenen lösen (brieflich). »Letztlich dürfte es nur eine Frage der Messmöglichkeiten sein, ob sich solche hierarchischen, flexiblen Verbindungen im biologischen Substrat und deren Aktivierungszustände nachweisen lassen. Prinzipiell müssen sie existieren. Wenn man das negiert, vollzieht man eine, aus meiner Sicht durch keine empirische Evidenz zu stützende Trennung zwischen Gehirn und Geist.« »Prinzipiell müssen sie existieren« – wenn denn der Glaube, daß das biologische Substrat die psychischen Phänomene durchgehend determiniert, vom Erfolg gestützt wird. Wir brauchen auch die Differenz von konträren und kontradiktorischen Urteilen in allen Sprachen. Im Gespräch mit Béatrice Longuenesse sagt Rösler: »Wir haben keinen Zweifel, dass ein psychischer Zustand – der Wunsch, den Arm zu heben – unmittelbar kausal auf unseren Körper Einfluss nimmt, warum sollte ich da bezweifeln, dass ein Gedanke kausal Einfluss auf einen anderen Gedanken

nimmt?« (Longuenesse und Rösler [2008], S. 258). Hier wird offenbar eine nicht durch das biologische Substrat vermittelte, also nur in der subjektiven Illusion als unmittelbar wahrgenommene Kausalität des Geistigen angenommen. So auch Longuenesse am Ende des Gesprächs: »Genauso wie Geistiges aus Neuronen entsteht, werden Neurone und deren Interaktionen vom Geistigen geändert.«

15 Wünsche und Bitten sind nicht wahr oder falsch, enthalten jedoch bejahende und verneinende Aussagen; diese letzteren lassen sich entsprechend nicht dadurch bestimmen, daß eine notwendige Bedingung im alternativen Wahr- oder Falschsein liegt; so unter anderem Ö. Dahl (1979), S. 80.

16 A. Stephan (2004), S. 571 ff.

17 C. Allen und E. Saidel (2005), S. 334.

18 M. Tomasello (2002), S. 116; ebenda, S. 131, spricht er von der »perspektivische[n] Eigenart sprachlicher Symbole«.

19 D. Davidson (2005), S. 130. Das Verhältnis von Intersubjektivität und Objektivität ist sicher komplizierter, als es hier bei Davidson formuliert wird. Dazu unten Näheres.

20 Vgl. die noch immer klassische Darstellung von K. von Frisch (1923); auch F. C. Dyer (2002) und vor allem D. R. Griffin (1990), unter anderem S. 200, S. 221-232, S. 235, S. 257 ff.

21 C. G. Jung schreibt nach den Publikationen von K. von Frisch, es gebe hier zwischen Bienen- und Menschensprache keinen Unterschied, das Gangliensystem der Insekten bringe genau die gleichen Ergebnisse zustande wie unsere Großhirnrinde (nach D. R. Griffin [1990], S. 232). Der Unterschied ist jedoch gewaltig, denn die kodierte Mitteilung der Bienen kann nicht alternativ bejahen oder verneinen und ist entsprechend weder wahr noch falsch, sondern bleibt ein Naturgeschehen.

22 D. Davidson (1984), S. 155-170.

23 Die Unterscheidung von Selbstbewußtsein und Selbsterkenntnis ist ein Erbstück des 17. Jahrhunderts und begleitet seitdem die philosophische Reflexion. Vgl. M. Frank (1991).

24 Wir insistieren nicht auf genau dieser Lage; vielleicht gab es in einer bestimmten Entwicklungsphase auch im Urwald oder sonstwo ähnliche stimulierende Situationen, vielleicht bestanden diese auch in einer wachsenden Größe der Horde. Wichtig ist nur die

scheinbar paradoxe Idee, daß der Abgrund zwischen den Menschen und den anderen Primaten in einem natürlichen Kontinuum entstehen konnte. Zur Genese des Zeigens siehe auch G. Butterworth (1991).

25 F. de Waal (2006), S. 55 f.; ebenda, S. 287, heißt es von einer Bonoboäffin: »Sie bat um Saft, aber als sie ihn bekam, nahm sie ihn nicht an, sondern gestikulierte mit dem Arm in Richtung ihrer Freunde und rief sie.« Weiter scheinen es die nichtmenschlichen Primaten nicht zu bringen.

26 Ebenda, S. 181. Dazu auch A. A. Ghazanfar und M. D. Hauser (1999). Es wird von keiner Lautkombination berichtet, die eine Negation enthielte.

27 Die Tiere konnten nicht mit dem Kopf schütteln, denn auch das ist ihnen wie das Zeigen versagt. Das Kopfschütteln wäre das negative Pendant zum positiven Zeigen.

28 M. Tomasello (mündlich), auch F. de Waal (2006), passim.

29 Die sprachliche Zustimmung und Ablehnung beliebiger Behauptungen soll hier ihren Anfang nehmen. Ch. Darwin (1872), S. 62, schreibt: »In einem späteren Kapitel werde ich zu zeigen versuchen, daß die kontrastierenden Gesten der Bejahung und Verneinung, nämlich das vertikale Nicken und zur Seite gerichtete Kopfschütteln, beide vermutlich einen natürlichen Anfang hatten [probably had a natural beginning].« Wenn ich richtig sehe, hat Darwin diesen Nachweis nicht geführt.

30 In dem lehrreichen Sammelband *Indexikalität und sprachlicher Weltbezug* von M. Kettner und H. Pape (2002) werden die indexikalischen Setzungen (ich, hier, jetzt usw.) immer schon in sprachlicher Verfassung angenommen; wir versuchen jedoch, diese sprachliche Verfassung aus einem Zeigeakt zu gewinnen. Den sophistischen Einwand, es werde bei diesem Zeigeakt immer schon eine sprachliche Verfassung vorausgesetzt, werden wir nicht beachten.

31 M. Tomasello (2002), S. 78 u. ö.; D. Davidson (2004), passim (siehe Index): »Triangulation«.

32 M. Tomasello (2002), S. 147 u. ö.

33 J. MacNamara (1982), S. 190; bestätigend H. S. Terrace (1985), S. 118 f.

34 M. Tomasello (2002), S. 56 u. ö.

35 S. Pinker (1998).
36 Hier interessiert M. C. Nussbaum (2001).
37 Plessner ([2]1965), S. 270, mit dem näheren Hinweis: »Dies ist das sichere Ergebnis der Untersuchungen Köhlers, der gewiß nicht gegen tierische Intelligenz und für einen unüberbrückbaren Wesensunterschied von Mensch und Tier voreingenommen war.« Was unter dem »Sinn für's Negative« (auch S. 273) genauer zu verstehen ist, bestimmt Plessner nicht; hat der Mensch einen derartigen Sinn?
38 Siehe auch M. Tomasello (2002), S. 58-62.
39 Platon (1957 ff.), Bd. III, S. 230 (*Politeia* 522e).
40 J. F. Canthon und E. M. Brannon (2007). Wir können nicht *a priori* gewiß die Negations- und Subtraktionsfähigkeit von Tieren ausschließen, sondern nur in Einzelfällen festhalten, daß einfachste Additionen (per Gedächtnis?) vorliegen, aber keine Mathematik oder Arithmetik.
41 Zur Einführung D. L. Cheney und R. M. Seyfarth (1994), S. 348-353.
42 Zu dem Problem vgl. P. Galland (1989). »Die Arbeit bezieht sich auf die Fähigkeit von Pflanzen, sich an gegebene Lichtintensitäten anzupassen und diese zu memorisieren. [...] Die Kinetiken, mit denen sich Organismen [...] an neue Intensitäten anpassen, haben formell gesehen alle denselben Verlauf und können durch steigende und fallende Exponentialfunktionen beschrieben werden, auch wenn die molekularen Mechanismen in verschiedenen Organismen sehr unterschiedlich sein können.« (Briefliche Mitteilung) Siehe auch den Überblick von A. Trewasas (2003). Für den Hinweis danke ich Paul Galland (Marburg).

3 Können Tiere denken?

1 Ich beziehe mich auf die Natur von Tier und Mensch, nicht auf pathologische Deformationen wie siamesische Zwillinge usw. Die Abweichung ist zu bemessen nur an einer gesunden Natur, die die Norm ihrer selbst und der pathologischen Erscheinungen ist.
2 Siehe *Frankfurter Allgemeine Zeitung* vom 21. September 2004, S. 34.

3 Zu der Unterscheidung von *de dicto* und *de re* in unserem Interessenbereich siehe M. Wild (2008), S. 90-104; zur verwandten Unterscheidung von »logical opacity« und »two types of seeing« siehe A. Whiten (1991), S. 12-14.
4 S. Hurley und M. Nudds (Hg.) (2006).
5 Siehe besonders S. Scott Naragon (1987); ders. (1990); auch D. Mainardi (2006).
6 C. Lloyd Morgan (1890-1891), S. 293.
7 D. Radner (2005), S. 412.
8 U. Schmid (2004), S. 36.
9 Dazu vorzüglich K. Akins (1994).
10 U. Schmid (2004), S. 69.
11 Ebenda, S. 94.
12 Ebenda, S. 87 f. und S. 72.
13 R. Schwartz (1994), S. 116.
14 Ebenda, S. 117.
15 Ebenda, S. 84-124 (»Perceptual Inference«).
16 T. G. R. Bower nach R. Schwartz (1994), S. 129.
17 *Frankfurter Allgemeine Zeitung* vom 9. März 2005, S. N 2.
18 I. Kant (1900 ff.), Bd. II, S. 60, siehe auch S. 285; »Die Einerleyheit und Verschiedenheit nehmen wir eigentlich nicht wahr, sondern bemerken sie bey der Vergleichung.« (Bd. XV, S. 190,11 f. [*Refl.* 461]). Vgl. dazu die »Unterscheidungsmonographie« von A. Schmitt (2003). Schmitt präpariert die innere Abhängigkeit dessen, was klar gegeben sein soll, von der unterscheidenden Bestimmung heraus. Zu der Vorstellung des Unterscheidens *(krinein)* bei der Sinneswahrnehmung bei Aristoteles als einer Leistung ohne Urteil s. *De anima* II 6 ff.
19 *Frankfurter Allgemeine Zeitung* vom 13. Dezember 2004, S. 32. – Bis in die neueste Literatur wird den Tieren unkritisch ein Unterscheidungsvermögen unterstellt, das den Akt des Vergleichs und damit die Negation voraussetzt, ohne daß der Nachweis geführt wird, daß diese Zuschreibung legitim ist; siehe unter anderen A. Stephan (2004), S. 576 (»Diskriminationsvermögen«), ähnlich S. 578 (der Regenpfeifer modifiziere sein eigenes Verhalten), S. 579 (Meerkatzen treffen die richtigen Unterscheidungen). D. Davidson (2005), S. 129 f.: »Ein Geschöpf kann auf komplexe Weise mit der Welt interagieren, ohne irgendwelche Propositionen zu erwägen. Es

kann zwischen Farben, Geschmäckern, Klängen und Formen unterscheiden.« Das wird so nicht stimmen; die Unterscheidung setzt den Vergleich von etwas mit etwas anderem voraus, damit aber auch die Fähigkeit des propositionalen Denkens. Vermutlich müssen wir hier unser Nichtwissen eingestehen.

20 J. R. Searle (2005), S. 141.

21 Glock (2005), S. 174 f.

22 Glock (2005), S. 177.

23 Dretske (2005), S. 221.

24 Sterelny (2005), S. 363.

25 S. Zhang u. a. (2005), S. 5250.

26 Platon, *Parmenides* 140b ff. Aber schon in der Antike wurde auf zweifelhaftem Wege ruchbar, Platon gestehe den Tieren zu, über eine angeborene Theorie der Gleichheit zu verfügen, siehe R. Sorabji (1993), S. 62.

27 S. Zhang u. a. (2005), S. 5255.

28 C. Allen und E. Saidel (2005), S. 197.

29 M. Tomasello (2002), S. 26.

30 B. Rensch (1973), S. 119, der Anfangssatz des 3. Kapitels »Abstraktion und Generalisation«.

31 Glock (2005), S. 178 f. Zum »Begriff als Regel« siehe I. Kant (1900 ff.), Bd. IV, S. 81 (*Kritik der reinen Vernunft* A 106; A 126: Verstand als Vermögen der Regeln).

32 N. Chater und C. Heyes (1994), S. 210.

33 Ebenda, S. 217.

34 Ebenda, S. 218 f.

35 Ebenda, S. 219.

36 Ebenda, S. 220 f.

37 Ebenda, S. 222 f.

38 Ebenda, S. 223.

39 Ebenda, S. 224.

40 Ebenda, S. 227.

41 Ebenda, S. 228.

42 Ebenda, S. 231.

43 D. Davidson (2005), S. 130.

44 B. Rensch (1962), S. 18, spricht vom »Bilderdenken«. Mit solchen Wortzentauren ist der Erkenntnis freilich nicht gedient.

45 Vgl. auch K. Lorenz (1981), S. 371: »Tiere sind Gefühlsmenschen

mit äußerst wenig Verstand (Heinroth).« Vgl. insgesamt auch Ch. Darwin (1872).

46 Zum Phänomen animalischer Verzweiflung vgl. K. Lorenz (1974), S. 40; M. C. Nussbaum (2001), S. 101 ff. Zur Depression von Tieren und ihren psychischen Gründen vgl. D. Mainardi (2006), S. 115-123; M. Müller (2007), S. 32-35.

47 Der Begriff der Welt wird hier leger und umgangssprachlich genommen, denn strenggenommen gibt es für die Steine, Pflanzen, Tiere und Menschen natürlich nur *eine* gemeinsame Welt.

48 Siehe unter anderen Platon (1957 ff.), Bd. III, S. 13 (*Phaidon* 60b-c).

49 Aristoteles, *De memoria* 451b19 ff. – Als besonders wichtig sollte gelten, daß W. Wundt in seiner fundamentalen Schrift *Vorlesungen über die Menschen- und Thierseele* (1892) die Assoziationspsychologie bestätigt und ausbaut. Wundt wendet sich rigoros gegen die Annahme, daß Tiere über Begriffe verfügen. Vgl. M. Tomasello (2002), S. 29, S. 32-34, S. 42 u. ö. Trotz des häufigen Rekurses auf die Assoziationspsychologie fehlt der Begriff hier wie auch in anderen Werken im Index. Anders B. Rensch (1973), S. 273, s. v. »Assoziationen«; auch B. Rensch (1962), S. 47: »Am wahrscheinlichsten sind meines Erachtens bis heute immer noch die der klassischen Assoziationstheorie entsprechenden Hypothesen von A. Goldschneider (1906) und M. Verworn (1913).«

50 D. Papineau (2005), S. 258.

51 Ebenda. So auch K. Lorenz (1973), S. 101 ff. Zu einer Grenze der Assoziationspsychologie D. L. Cheney und R. M. Seyfarth (1994), S. 343.

52 Ch. Darwin (1872), S. 31. Darwin kennt die Kontrastassoziation (S. 50-65: »The Principle of Antithesis«), aber er läßt vernünftigerweise keine Negation in das tierische Bewußtsein treten, ohne dies jedoch zu thematisieren.

53 M. Bekoff und D. Jamieson (1996), S. 102.

54 J. L. Bermúdez (2003), S. 141-146.

55 C. Allen und E. Saidel (2005), S. 199.

56 D. Hume (2000), S. 11 (»Of the Different Species of Philosophy«). Humes erster Satz im *Treatise of Human Nature* (1739-1740) destruiert gleich seine Lehre, alle geistige Tätigkeit beruhe auf der Assoziation von Vorstellungen, denn jeder Satz ist negationsfähig; das aber übersteigt den Horizont der Assoziationspsychologie.

57 M. Tomasello (2002), S. 29; ders. (2004), S. 589-592.

58 Zur Frage der Überzeugung von Tieren siehe S. P. Stich (2005).
59 D. Davidson (2005), S. 122.
60 M. Wild (2008), S. 124 f.
61 M. Wild (2008), S. 74.
62 M. Tomasello (2002), S. 33.
63 Nämlich unter dem rationalistischen Gesichtspunkt des Primats der Vernunft vor der Empirie.
64 G. W. Leibniz (1954), S. 17 (*Monadologie*, § 26).
65 Fr. Schiller (1943 ff.), Bd. XX, S. 26-28.
66 M. Pauen (2001), S. 132, schreibt: »Wenn sich also herausstellt, daß neuronale Aktivitäten des Typs N genau die funktionale Rolle besetzen, durch die der alltagspsychologische Begriff ›Schmerz‹ definiert ist, dann sind neuronale Aktivitäten des Typs N offenbar identisch mit Schmerzerfahrungen.« Wird die neuronale Aktivität bei konkurrierenden Aktivitäten anderer Zentren gemindert, oder bleibt sie gleich, wird jedoch nicht gleich erfahren? Kann ich durch geeignetes psychisches Training nur meine Schmerzerfahrung einstellen oder auch die ursächlichen neuronalen Aktivitäten beschwichtigen?
67 M. Tomasello (2002), S. 78.
68 Ebenda, S. 71.
69 C. Allen und E. Saidel (2005).
70 M. Tomasello u. a. (2005), S. 684.
71 Ebenda, S. 689.
72 D. Mainardi (2006), S. 23-29 (»La mente è una palestra«); D. L. Cheney und R. M. Seyfarth (1994), S. 393 u. ö.; D. R. Griffin (1990); F. Cimatti (2000), S. 42 f.
73 Zu Nachweisen der Traumfähigkeit von Tieren siehe D. Mainardi (2006), S. 55-58 (»Animali sognatori«).
74 Zu der vielfältigen Literatur vgl. den Überblick bei D. L. Cheney und R. M. Seyfarth (1994), S. 322 f.
75 Hiergegen wendet sich F. Cimatti (2000), aber sein Begriff des Selbstbewußtseins hängt an cartesischen Prämissen, ist also von vornherein der des denkenden Menschen.
76 Vgl. das Resümee der Forschung von Frans de Waal (2008). Hier wird die Frage gestellt, wozu die Selbstidentifizierung von Tieren im Spiegel gut sein könnte, und auf soziale Fähigkeiten verwiesen.

77 Ich danke Herrn Kollegen Alfred Pletsch (Marburg) für dieses Beispiel.

78 I. Kant (1900 ff.), Bd. V, S. 376 (*Kritik der Urteilskraft*, § 66); Brandt (2007), S. 470 ff.

79 M. Pauen (2001), S. 237. Pauen führt weitere Bedingungen an; der eigene Zustand soll als solcher erkannt werden, das heißt, das Selbstbewußtsein wird auf die *res cogitans* eingeschränkt. Wenn als Akt des Selbstbewußtseins jedoch »die Erinnerung an einen eigenen Schmerz« angeführt wird (ebenda, S. 237), sind Tiere einbegriffen, wie jeder Veterinär bestätigen kann.

80 Damit soll nicht gesagt sein, daß in einer anderen Begriffskonstellation nicht sinnvoll von der Seele der Pflanzen gesprochen werden kann, wie es z. B. Aristoteles tut.

81 Ich zitiere die bekannte Paraphrase der stoischen *»Oikeiōsis«*-Lehre von Diogenes Laertius: »Der erste Trieb, so sagen sie, der sich in einem lebenden Wesen regt, sei der der Selbsterhaltung; die Natur eigne es sich selbst von Anbeginn an zu, wie Chrysipp im ersten Buch ›Über die Endziele‹ sagt mit den Worten: Für jedes lebende Wesen sei seine erste ihm von selbst zugewiesene Angelegenheit sein eigenes Bestehen sowie das Bewußtsein *[syneidesin]* davon. Denn es war doch nicht zu erwarten, daß die Natur das lebende Wesen sich selbst entfremde, oder auch, daß sie, nachdem sie das Geschöpf einmal hervorgebracht, sich weder die Selbstentfremdung noch die Selbstbefreundung habe angelegen sein lassen. Es bleibt also nur übrig zu sagen, daß sie es nach vollzogener Schöpfung mit sich selbst befreundet habe. Denn so wehrt es alles Schädliche ab und verschafft allem, was seiner Eigenart dienlich ist, freien Zutritt. Wenn aber einige [nämlich die Epikureer] behaupten, die Lust sei der erste Trieb für die lebenden Wesen, so weisen sie [nämlich die Stoiker] dies als falsch nach. Denn wenn es überhaupt eine Lust gibt, so sei sie, sagen sie, nur eine Folgeerscheinung, die dann eintritt, wenn die Natur nach Aufsuchen des ihr Gemäßen in den Besitz des für ihren Bestand Erwünschten gekommen sei. Das ist, was den lebenden Wesen die heitere Stimmung und den Pflanzen das fröhliche Wachstum bringt.« (Diogenes Laertius [1967], Bd. II, S. 47 f.) Vgl. R. Brandt (2003). Zur Selbstbeziehung der Tiere vgl. unter anderen B. Rensch (1962), S. 34 (von »Begriffen« sollte man jedoch nicht reden). Vgl. auch G. Roth (2003), besonders S. 196-240.

82 M. Frank (1991), S. 66.
83 R. Descartes (1964 ff.), Bd. VII, S. 29 (*Meditationes* II).
84 Unter anderen D. R. Griffin (1990).
85 In dieser Form kann man das Bewußtsein (nicht Selbstbewußtsein!) von Tieren auch bei Kant finden, vgl. S. S. Naragon (1987), S. 156 f. u. ö.
86 M. Frank (1991), S. 72 ff. Es ist schon erstaunlich, daß sich Frank mit der Puppe Olimpia und Pappendeckeln mit Uhrfedern (ebenda, S. 76) auseinandersetzt, tierisches Bewußtsein und Selbstbewußtsein (erwähnt ebenda, S. 82 f.) jedoch nicht erörtert. Tiere sind in der Tradition, in der Frank sich bewegt, gleich zu Beginn als unbeseelte *res extensa* aus der Diskussion ausgeschlossen worden und weder von Kant noch von Fichte oder Henrich und Frank wieder berücksichtigt worden.
87 M. Frank (1991), S. 81.
88 Dazu S. Mitchell (2008), S. 100 ff.
89 Vgl. K. Lorenz (1974), S. 60 ff.
90 D. Hume (1989), Bd. I, S. 326 f. (*Ein Traktat über die menschliche Natur* I 4, 6).
91 Ebenda, Bd. II, S. 3 ff. (*Ein Traktat über die menschliche Natur* II 1, 1 ff.).
92 Siehe R. Andersen (2004), S. 162.
93 Pseudo-Mayne (1983), S. 76.
94 Die Aufsatzsammlung von M. Sandbothe und L. Nagl (2005) nimmt von den Tieren systematisch keine Notiz.
95 Ich möchte daher nicht D. R. Griffin (1990), S. 231 u. ö., folgen, der bei Honigbienen von einem »symbolischen Kommunikationssystem« spricht. Die Mitteilungen der Bienen bleiben Natur und können nicht wahr oder falsch sein; vielleicht müßte man hier einen dritten Begriff neben den der natürlichen Zeichen und der künstlichen Symbole einfügen.
96 M. Tomasello (2002), S. 128.
97 Vgl. D. Perler und M. Wild (Hg.) (2005), S. 21-28; D. L. Cheney und R. M. Seyfarth (1994), S. 245, S. 291 u. ö.
98 A. A. Ghazanfar und M. D. Hauser (1999), S. 379.
99 U. Seibt und W. Wickler (2002).
100 D. R. Griffin (1990).
101 Siehe dazu die Bibliographie unter www.schweska.de.

102 Zur »molekularen Mimikry« siehe www.uniklinikum-giessen.de/toxi/Spurenelemente und Mineralstoffe.pdf.
103 C. A. Ristau (1991), S. 221.
104 R. W. Byrne und A. Whiten (1991).
105 Vgl. auch D. R. Griffin (1990), S. 233-262 (»Natürliche Psychologen«).
106 R. W. Byrne und A. Whiten (1991), S. 132.
107 M. Tomasello u. a. (2005), S. 684 ff., inklusive der Stellungnahmen.
108 Zum Tierspiel siehe unter anderen K. Lorenz (1973), S. 195-204.
109 W. Sandler u. a. (2005), S. 2661.
110 R. Descartes (1964 ff.), Bd. VI, S. 57 f. (*Discours de la méthode* V 11): »[...] während die von Geburt taubstummen Menschen zwar der Organe, die andere zum Reden gebrauchen, ebenso wie die Tiere oder noch mehr beraubt sind, doch gewöhnlich selbst einige Zeichen erfinden und sich den Menschen ihrer Umgebung, die Zeit haben, ihre Sprache zu lernen, verständlich machen«. Tiere, muß man schließen, haben keinen Sprach-, damit aber auch keinen Denkcode, denn sie bringen etwas Ähnliches nicht zustande.
111 *Süddeutsche Zeitung* vom 29. April 2005, »Wissen«.
112 N. von Kues (2002), Bd. III, S. 1 (*Dialogus de ludo globi* I 3): »Nulla enim bestia globum et eius motum ad terminum producit.« Die Kreis- und Kugelform galt als besonders vollendet und den Himmelskörpern vorbehalten.
113 K. Lorenz (1973), S. 174. Auch Tomasello, mündlich.
114 O. Köhler (1968), S. 119. Tiere, die angeblich den *modus tollens* beherrschen und einen dritten Weg ungeprüft wählen, weil sie die beiden anderen ausschließen können, wurden schon in der Antike beobachtet, vgl. detailliert L. Floridi (1997); vgl. auch http://www.spiegel.de/videoplayer/0,6298,17901,00html.
115 M. Pauen (2007), S. 165.
116 Ebenda. Wie unterscheidet sich jedoch eine zufällige neuronale Entladung von einer nichtzufälligen?
117 Ebenda, S. 166.
118 Ebenda, S. 165.
119 S. Mitchell (2008), S. 22 f.
120 Ebenda, S. 30.
121 Ebenda, S. 36.

122 E. Mayr (1984).
123 R. Brandt (2004).
124 I. Kant (1900 ff.), Bd. III, S. 123 (*Kritik der reinen Vernunft* § 25).

Literatur

Akins, Kathleen (1994), »What is it Like to be Boring and Myopic?«, in: Bo Dahlbom (Hg.), *Dennett and his Critics. Demystifying Mind*, Cambridge/Massachusetts und Oxford, S. 124-160.

Allen, Colin, und Eric Saidel (2005), »Die Evolution der Referenz«, in: D. Perler und M. Wild (Hg.), *Der Geist der Tiere* (siehe unten), S. 323-336.

Andersen, Richard (2004), »Monkey See, Monkey Think About Doing«, in: *Science* 305, 9. Juli 2004, S. 162.

Aristoteles (1831-1836), *Opera*, hg. von Immanuel Bekker, Berlin.

Baumgarten, Alexander (1982), *Metaphysica* (1779), Hildesheim und New York.

Bekoff, Marc, und Dale Jamieson (1996), *Readings in Animal Cognition*, Cambridge/Massachusetts und London.

Bermúdez, José Luis (2003), *Thinking without Words*, Oxford.

Brandt, Reinhard (1999), *Die Wirklichkeit des Bildes./Sehen und Erkennen – Vom Spiegel zum Kunstbild*, München.

Brandt, Reinhard (2003), »Selbstbewußtsein und Selbstsorge – Zur Tradition der ›oikeiosis‹ in der Neuzeit«, in: *Archiv für Geschichte der Philosophie* 85, S. 179-197.

Brandt, Reinhard (2004), »Ick bün all da. Ein neuronales Erregungsmuster«, in: Chr. Geyer (Hg.), *Hirnforschung und Willensfreiheit* (siehe unten), S. 171-176.

Brandt, Reinhard (2007), *Die Bestimmung des Menschen bei Kant*, Hamburg.

Butterworth, George (1991), »The ontogeny and Phylogene of Joint Visual Attention«, in: A. Whiten (Hg.), *Natural Theories of Mind* (siehe unten), S. 223-232.

Byrne, Richard W., und Andrew Whiten (1991), »Computation and Mindreading in Primate Tactical Deception«, in: Whiten (Hg.), *Natural Theories of Mind* (siehe unten), S. 127-143.

Canthon, Jessica F., und Elizabeth M. Brannon (2007), »Basic Math in Monkeys and College Students«, in: *PLoS biology* 5, S. 328.

Chater, Nick, und Cecilia Heyes (1994), »Animal Concepts: Content and Discontent«, in: *Mind & Language* 9, S. 209-246.

Cheney, Dorothy L., und Robert M. Seyfarth (1994), *Wie Affen die Welt sehen. Das Denken einer anderen Art*, übersetzt von Ellen Vogel und Andreas Paul, München.
Cimatti, Felice (2000), *La scimmia che si parla. Linguaggio autocoscienza e libertà nell'animale umano*, Torino.
Cruse, Holk (2004), »Ich bin mein Gehirn. Nichts spricht gegen den materialistischen Monismus«, in: Chr. Geyer (Hg.), *Hirnforschung und Willensfreiheit* (siehe unten), S. 223-228.
Dahl, Östen (1979), »Typology of sentence negation«, in: *Linguistics* 17, S. 79-106.
Darwin, Charles (1872), *The Expression of the Emotions in Man and Animals*, London.
Davidson, Donald (1984), *Essays on Truth and Interpretation*, Oxford.
Davidson, Donald (2004), *Subjektiv, intersubjektiv, objektiv*, übersetzt von Joachim Schulte, Frankfurt/Main.
Davidson, Donald (2005), »Rationale Lebewesen«, in: D. Perler und M. Wild (Hg.), *Der Geist der Tiere* (siehe unten), S. 117-131.
de Waal, Frans B. M. (2006), *Der Affe in uns. Warum wir sind, wie wir sind*, München.
de Waal, Frans B. M. (2008), »The Thief in the Mirror«, *PLoS Biol.* 6 (8), S. e2001 (19. August 2008).
Dennett, Daniel C. (1992), »Intentionale Systeme in der kognitiven Verhaltensforschung«, in: *Kognitionswissenschaft. Grundlagen, Probleme, Perspektiven*, hg. von Dieter Münch, München und Frankfurt/Main, S. 343-386.
Dennett, Daniel C. (2005), »Das Bewußtsein der Tiere«, in: D. Perler und M. Wild (Hg.), *Der Geist der Tiere* (siehe unten), S. 389-407.
Descartes, René (1964 ff.), *Œuvres complètes*, hg. von Charles Adam und Paul Tannery (1897 ff.), Paris.
Dihle, Albrecht (1985), *Die Vorstellung vom Willen in der Antike*, Göttingen.
Diogenes Laertius (1967), *Leben und Meinungen berühmter Philosophen*, hg. von Hans Günter Zekl, Hamburg.
Dretske, Fred (2005), »Minimale Rationalität«, in: D. Perler und M. Wild (Hg.), *Der Geist der Tiere* (siehe unten), S. 213-222.
Dryer, Matthew S. (1996), »Syntaktische Typologie II: Ansätze und Übersichtsdarstellungen«, in: Joachim Jacobs (Hg.), *Handbücher*

zur Sprach- und Kommunikationswissenschaft, Bd. IX/2, Berlin, S. 1050-1065.
Duncker, Hans-Rainer (2006), »Vorstellungen zu einer aktuellen Anthropologie aus biologisch-medizinischer Sicht«, in: Ders. (Hg.), *Beiträge zu einer aktuellen Anthropologie*, Stuttgart, S. 11-127.
Dyer, F. C. (2002), »Biology of the dance language«, in: *Annual Review of Entomology* 47, S. 917-949.
Floridi, Luciano (1997), »Scepticism and Animal Rationality: The Fortune of Chrysippus' Dog in the History of Western Thought«, in: *Archiv für Geschichte der Philosophie* 79, S. 27-57.
Frank, Manfred (1996), *Selbstbewußtsein und Selbsterkenntnis*, Stuttgart.
Frege, Gottlob (1967), *Kleine Schriften*, hg. von Ignacio Angelelli, Darmstadt.
Frisch, Karl von (1923), »Über die ›Sprache‹ der Bienen. Eine tierpsychologische Untersuchung«, in: *Zoologische Jahrbücher (Physiologie)* 40, S. 1-186.
Gabriel, Gottfried (2001), »Urteil«, in: *Historisches Wörterbuch der Philosophie*, hg. von Joachim Ritter, Karlfried Gründer und Gottfried Gabriel, Darmstadt 1971 ff., Bd. XI, S. 436-458.
Galland, Paul (1989), »Photosensory adaptation in plants«, in: */Bot. Acta/* 102, S. 11-20.
Geyer, Christian (Hg.) (2004), *Hirnforschung und Willensfreiheit*, Frankfurt/Main.
Ghazanfar, Asif A. und Marc D. Hauser (1999), »The neuroethology of primate vocal communication: Substrates for the evolution of speech«, in: *Trends in Cognitive Sciences* 3, S. 377-384.
Glock, Hans-Johann (2005), »Begriffliche Probleme und das Problem des Begrifflichen«, in: D. Perler und M. Wild (Hg.), *Der Geist der Tiere* (siehe unten), S. 153-187.
Griffin, Donald R. (1990), *Wie Tiere denken. Ein Vorstoß ins Bewußtsein der Tiere*, München.
Heyes, C. M. (1995), »Self-recognition in primates: Further reflections create a hall of mirrors«, in: *Animal Behaviour* 50, S. 1533-1542.
Horkheimer, Max und Theodor W. Adorno (1947), *Dialektik der Aufklärung*, Amsterdam.
Hume, David (1989), *Ein Traktat über die menschliche Natur*, übersetzt von Theodor Lipps, hg. von Reinhard Brandt, Hamburg.

Hume, David (2000), *An Enquiry concerning Human Understanding. A Critical Edition*, hg. von Tom L. Beauchamp, Oxford.
Hume, David (2007), *A Treatise of Human Nature. A Critical Edition*, hg. von David Fate Norton und Mary J. Norton, Bd. I, Oxford.
Hurley, Susan, und Matthew Nudds (2006), *Rational Animals?*, Oxford.
Kant, Immanuel (1900 ff.), *Gesammelte Schriften* (Akademie-Ausgabe), Berlin.
Kettner, Matthias, und Helmut Pape (Hg.) (2002), *Indexikalität und sprachlicher Weltbezug*, Paderborn.
Koehler, Otto (1968), »Vom unbenannten Denken«, in: Heinz Friedrich (Hg.), *Mensch und Tier. Ausdrucksformen des Lebendigen*, München, S. 106-115.
Leibniz, Gottfried Wilhelm (1954), *Monadologie*, hg. von Hermann Glockner, Stuttgart.
Libet, Benjamin (2004), »Haben wir einen freien Willen?« (1999), in: Chr. Geyer (Hg.), *Hirnforschung und Willensfreiheit* (siehe oben), S. 268-289.
Locke, John (1962), *Über den menschlichen Verstand*, übersetzt von Carl Winckler, Hamburg.
Longuenesse, Béatrice, und Frank Rösler (2008), »Neurone vergeistigen. Geist und Gehirn im Gespräch«, in: Luca Giuliani und Dieter Grimm (Hg.), *Jahrbuch* 2006/2007 des Wissenschaftskollegs zu Berlin, Berlin, S. 241-258.
Lorenz, Konrad (1973), *Die Rückseite des Spiegels. Versuch einer Naturgeschichte menschlichen Erkennens*, München und Zürich.
Lorenz, Konrad (1974), *Das sogenannte Böse. Zur Naturgeschichte der Aggression* (1963), Wien.
Lorenz, Konrad (1981), »Haben Tiere ein subjektives Erleben?« (1963), in: Ders., *Gesammelte Abhandlungen*, Bd. II, München und Zürich.
Luhmann, Niklas (1997), *Die Gesellschaft der Gesellschaft*, Frankfurt/Main.
MacNamara, John (1982), *Names for Things. A Study of Human Learning*, Cambridge/Massachusetts und London.
Mainardi, Danilo (2006), *Nella mente degli animali*, Milano.
Marcus, Gary F. (2006), »Startling starlings«, in: *Nature* 440, S. 1117-1118.

Mayr, Ernst (1984), *Die Entwicklung der biologischen Gedankenwelt. Vielfalt, Evolution und Vererbung*, Berlin u. a.

Meixner, Uwe, und Albert Newen (Hg.) (2003), *Seele, Denken, Bewusstsein. Zur Geschichte der Philosophie des Geistes*, Berlin und New York.

Millikan, Ruth G. (1986), *Language, Thought, and Other Biological Categories. New Foundations for Realism*, Cambridge/Massachusetts und London.

Millikan, Ruth G. (2005), »Verschiedene Arten von zweckgerichtetem Verhalten«, in: D. Perler und M. Wild (Hg.), *Der Geist der Tiere* (siehe unten), S. 201-222.

Mitchell, Sandra (2008), *Komplexitäten. Warum wir erst anfangen, die Welt zu verstehen*, Frankfurt/Main.

Morgan, C. Lloyd (1890-1891), *Animal Life and Intelligence*, London.

Morgan, C. Lloyd (1970), *Animal Behaviour* (1900), New York und London.

Mulcahy, Nicolas J., und Joseph Call (2006), »Apes Save Tools for Future Use«, in: *Science* 312, 19. Mai 2006, S. 1038-1040.

Müller, Marianne (2007), »Wie man Mäusen die Angst nimmt: Vom Zusammenhang zwischen Streß und Depression«, in: *AkademieAktuell* 04/2007, München, S. 32-35.

Naragon, Steven Scott (1987), *Reason and Animals: Descartes, Kant, and Mead on the Place of Humans in Nature*, Ph. D. Dissertation, University of Notre Dame, Notre Dame/Indiana.

Naragon, Steven Scott (1990), »Kant on Descartes and the Brutes«, in: *Kantstudien* 81, S. 1-23.

Nikolaus von Kues (2002), *Philosophisch-theologische Werke*, hg. von Karl Bormann u. a., Hamburg.

Nussbaum, Martha C. (2001), *Upheavals of Thought. The Intelligence of Emotions*, Cambridge.

Papineau, David (2005), »Die Evolution des Zweck-Mittel-Denkens«, in: D. Perler und M. Wild (Hg.), *Der Geist der Tiere* (siehe unten), S. 244-291.

Pauen, Michael (2001), *Grundprobleme der Philosophie des Geistes. Eine Einführung*, Frankfurt/Main.

Pauen, Michael (2005), »Ursachen und Gründe«, in: *Information Philosophie* 33, S. 7-16.

Pauen, Michael (2007), *Was ist der Mensch? Die Entdeckung der Natur des Geistes*, München.

Pauen, Michael, und Gerhard Roth (2008), Freiheit, Schuld und Verantwortung. Grundzüge einer naturalistischen Theorie der Wilensfreiheit, Frankfurt/Main.
Perler, Dominik (2003), »Die Obskurität des Geistes«, in: U. Meixner und A. Newen (Hg.), *Seele, Denken, Bewußtsein* (siehe oben), S. 197-231.
Perler, Dominik, und Markus Wild (Hg.) (2005), *Der Geist der Tiere. Philosophische Texte zu einer aktuellen Diskussion*, Frankfurt/Main.
Pinker, Steven (1998), *Der Sprachinstinkt. Wie der Geist die Sprache baut*, München.
Platon (1953), *Opera*, hg. von John Burnet, Oxford.
Platon (1957 ff.), *Sämtliche Werke*. In der Übersetzung von Friedrich Schleiermacher, hg. von Walter F. Otto u. a., Hamburg.
Plessner, Helmuth ([2]1965), *Die Stufen des Organischen und der Mensch*, Berlin.
Pseudo-Mayne (1983), *Über das Bewußtsein* (1728), hg. von Reinhard Brandt, Hamburg.
Radner, Daisie (2005), »Heterophänomenologie. Wie wir etwas über die Vögel und die Bienen lernen«, in: D. Perler und M. Wild (Hg.), *Der Geist der Tiere* (siehe oben), S. 408-426.
Rensch, Bernard (1962), *Gedächtnis, Abstraktion und Generalisation bei Tieren* (Arbeitsgemeinschaft für Forschung des Landes Nordrhein-Westfalen, Heft 114), Köln und Opladen.
Rensch, Bernhard (1973), *Gedächtnis, Begriffsbildung und Planhandlung bei Tieren*, Berlin und Hamburg.
Ristau, Carolyne A. (1991), »Before Misreading: Attention, Purposes and Deception in Birds?«, in: A. Whiten (Hg.), *Natural Theories of Mind* (siehe unten), S. 209-222.
Roth, Gerhard (2003), *Fühlen, Denken, Handeln. Wie das Gehirn unser Verhalten steuert*, Frankfurt/Main.
Rousseau, Jean-Jacques (1959 ff.), *Œuvres complètes*, hg. von Bernard Gagnebin, Marcel Raymond u. a., Paris.
Sandbothe, Mike und Ludwig Nagl (2005), *Systematische Medienphilosophie* (Deutsche Zeitschrift für Philosophie, Sonderband 7), Berlin.
Sandler, Wendy u. a. (2005), »The emergence of grammar: Systematic structure in a new language«, in: *The National Academy of Sciences of the USA* 102, H. 7, S. 2661-2665.
Savage-Rumbaugh, Sue und Roger Lewin (1998), *Kanzi, der sprechende*

Schimpanse. Was den tierischen vom menschlichen Verstand unterscheidet, München.
Schiller, Friedrich (1943 ff.), *Werke* (Nationalausgabe), Weimar.
Schmid, Ulrich (2004), *Geheime Signale. Die spektakulären Sinne der Tiere*, Stuttgart.
Schmitt, Arbogast (2003), *Die Moderne und Platon*, Stuttgart und Weimar.
Schwartz, Robert (1994), *Vision. Variations on Some Berkeleian Themes*, Oxford und Cambridge/Massachusetts.
Searle, John R. (2005), »Der Geist der Tiere«, in: D. Perler und M. Wild (Hg.), *Der Geist der Tiere* (siehe oben), S. 132-152.
Seibt, Uta, und Wolfgang Wickler (2002), »›Sympathetic Song‹: The silent and the open repertoire, exemplified with a dueting pair of the African slate-coloured boubou ›Laniarius funebris‹«, in: *Ethology* 106, S. 795-809.
Shapiro, Larence A. (1998), »Do's and Don'ts for Darwinizing Psychology«, in: D. D. Cummins und C. Allen (Hg.), *The Evolution of Mind*, New York und Oxford, S. 243-259.
Singer, Wolf (2001), »Neurobiologische Anmerkungen zum Konstruktivismus-Diskurs« (Manuskript des Vortrags vom 15. 9. 2001 in Fessenbach).
Singer, Wolf (2005), »Das Gehirn – ein Orchester ohne Dirigent«, in: *MaxPlanckForschung* 2, S. 15-18.
Sorabji, Richard (1993), *Animal Minds and Human Morals: The Origins of the Western Debate*, Ithaca/New York.
Stephan, Achim (2004), »Sind Tiere ›schwer von Begriff‹?«, in: *Deutsche Zeitschrift für Philosophie* 52, S. 569-584.
Sterelny, Kim (2005), *Primatenwelten*, in: D. Perler und M. Wild (Hg.), *Der Geist der Tiere* (siehe oben), S. 357-388.
Stich, Stephen P. (2005), »Haben Tiere Überzeugungen?«, in: D. Perler und M. Wild (Hg.), *Der Geist der Tiere* (siehe oben), S. 132-152.
Terrace, H. S. (1985), »Animal cognition: Thinking without language«, in: *Philosophical Transactions* 308, S. 113-128.
Tomasello, Michael (2002), *Die kulturelle Entwicklung des menschlichen Denkens. Zur Evolution der Kognition*, übersetzt von Jürgen Schröder, Frankfurt/Main.
Tomasello, Michael (2004), »Zwei Hypothesen zur Primatenkognition«, in: *Deutsche Zeitschrift für Philosophie* 52, S. 585-602.

Tomasello, Michael, u. a. (2005), »Understanding and sharing intentions: The understanding of cultural cognition«, in: *Behavioral and Brain Sciences* 28, S. 675-735.
Trewavas, Anthony (2003), »Aspects of Plant Intelligence«, in: *Annals of Botany* 92, 1-20.
Uexküll, Jakob von (1980), *Kompositionslehre der Natur*, hg. von Thure von Uexküll, Frankfurt/Main, Berlin und Wien.
Whiten, Andrew (Hg.) (1991), *Natural Theories of Mind. Evolution, Development and Simulation of Everyday Mindreading*, Oxford.
Wild, Markus (2008), *Tierphilosophie zur Einführung*, Hamburg.
Wundt, Wilhelm (1892), *Vorlesungen über die Menschen- und Thierseele* (1863), Hamburg und Leipzig.
Zhang, Shaowu, u. a. (2005), »Visual working memory in decision by honey bees«, in: *The National Academy of Sciences of the USA* 102, H. 14, S. 5250-5255.
Zubieta, Jon-Kar u. a. (2005), »Placebo Effects Mediated by Endogenous Opioid Activity on my-Opioid Receptors«, in: *The Journal of Neuroscience* 25, S. 7754-7762.